LES
MYSTÈRES
DE LONDRES

PAR

SIR FRANCIS TROLOPP.

VII

PARIS,
AU COMPTOIR DES IMPRIMEURS-UNIS,
QUAI MALAQUAIS, 15.

1844

LES
MYSTÈRES
DE LONDRES.

Ce roman ne pourra être reproduit qu'avec l'autorisation de l'éditeur.

Paris. — Imprimerie de BOULÉ et Cᵉ, rue Coq-Héron, 3.

LES
MYSTÈRES
DE
LONDRES

PAR

SIR FRANCIS TROLOPP.

VII

PARIS,
AU COMPTOIR DES IMPRIMEURS-UNIS,
QUAI MALAQUAIS, 15.

1844

TROISIÈME PARTIE.

LA GRANDE FAMILLE.

XIII.

LE CAVEAU.

Le mouvement de Bishop le burkeur avait été si soudain, si impossible à prévoir, que Stephen n'avait pu se mettre sur la défensive. D'ailleurs, à quoi bon se défendre? le burkeur était un homme d'une athlétique vigueur et

Stephen se trouvait là hors de portée de tout secours.

Le sang-froid était la seule arme qui pût vaincre en ce combat inopiné. A cet égard, Stephen était amplement pourvu.

— Je ne suis point un homme de police, répondit-il avec calme; — il y a d'autres marchands que vous dans Londres, mster Bishop, et vos manières ne sont pas faites pour attirer les chalands.

Bishop lâcha prise à moitié.

— Un homme de police eût tremblé sous ma griffe, grommela-t-il, mais je ne connais pas ce garçon, après tout... Vous n'êtes pas peureux, mon jeune monsieur, ajouta-t-il tout haut ; — j'aime les gens comme cela, moi... Mais pourquoi diable venez-vous me parler de sujets et de fadaise du même genre... Je suis un honnête marchand d'ale, de porter, de gin, whiskey, d'usquebaugh, de tout ce qui peut se boire, enfin... Mais des sujets, que diable ! je ne comprends rien à cela !... Encore une fois, que voulez-vous ?

Stephen, qui avait maintenant la liberté de ses mouvemens, tira son portefeuille et remit sa carte au burkeur.

— Ah ! ah ! s'écria celui-ci, vous êtes étourdi, pour un homme de la science, mon jeune gentleman. Du diable si vous n'avez pas risqué vos os... Vous finissez par où vous auriez dû commencer... Ah! ah!... faites le mort, Turk, fils du diable!... On ne vient pas de cette façon dans mon office, de but en blanc, comme si je vendais des gants de France ou du sucre candi pour les petits enfans... Je pense que vous m'excuserez, monsieur ; un agent de police ressemble beaucoup à un homme, et je dois être sur le qui vive... Voulez-vous accepter quelque chose... un verre de wisky ou de porto... un grog ?...

— Veuillez me pardonner, monsieur, reprit Stephen, je ne puis rien accepter.

Bishop fronça ses gros sourcils et s'étendit tout de son long sur l'ottomane.

— Rien ?... pas même un doigt de sherry,

monsieur Mac-Nab? reprit-il d'un ton de mauvaise humeur. — Eh bien! je dois dire que vous êtes le maître de faire comme bon vous semble, et je ne suis pas homme à me formaliser d'un refus... mais je ne voudrais pas vous voir me garder rancune, monsieur Mac-Nab... Vous serez peut-être une bonne pratique, après tout... Sur ma foi, vous en avez été quitte à bon marché, voyez-vous... et il m'est arrivé plus d'une fois de transformer un espion en un *sujet* de cinq ou six bonnes guinées.

Ici Bishop éclata de rire, et le chien Turk, émoustillé par la gaîté de son maître, mit de rouges étincelles dans les prunelles de ses gros yeux.

Bishop prit un flacon de gin posé sur une table au bout de l'ottomane et s'en versa un grand verre. Le bleu pâle du genièvre s'empourpra sous les mille rayons de feu qui partaient de tous les coins de la chambre. Quand le burkeur approcha la liqueur de ses lèvres, on eût juré qu'il allait boire du sang.

— A votre santé, monsieur Mac-Nab, dit-il, vous avez l'air d'un homme comme il faut... Voyons... que puis-je faire pour vous être agréable ?

Stephen, que n'avait pu émouvoir l'étreinte de l'athlétique boucher de chair humaine, se sentit venir la sueur froide à cette question, facile à prévoir, pourtant. Le moment était arrivé. On allait lui ouvrir les portes de ce musée de la mort, où peut-être Anna et Clary...

Stephen chancela et s'appuya au dossier d'un fauteuil.

— Oh! sur ma foi, s'écria Bishop en se tenant les côtes, je crois que nous avons mal au cœur, mon jeune gentleman!... C'est attendrissant, je suis prêt à le jurer! Eh! mais, si vous avez déjà le mal de mer, que sera-ce une fois que vous aurez mis le pied dans mon grand salon d'apparat!... Ah! ah! remettez-vous, monsieur Mac-Nab, avec du gin ou sans gin, comme vous voudrez, mais remettez-vous... Que diable! vous êtes venu pour quelque chose, c'est sûr!...

— Je suis venu pour choisir et pour acheter, monsieur, dit avec effort Stephen qui sentait le danger d'un plus long silence.

— C'est très bien, cela, monsieur Mac-Nab. — Et quel genre vous faut-il, je vous prie !

— L'explication serait longue et technique, répartit Stephen. J'aime mieux faire mon choix moi-même.

— C'est parler en brave garçon... Comment va le cœur ?

— Je suis prêt à vous suivre.

Bishop cligna de l'œil d'un air de supériorité méprisante. L'émotion du jeune médecin, qui était visible et dont il ne savait point la source, lui faisait pitié.

— Vrai, monsieur Mac-Nab, reprit-il du bout de ses grosses lèvres, — vous me rappelez le temps où je suais à ruisseaux chaque fois qu'il me fallait passer la nuit au cimetière... car il faut être valet avant de devenir maître : vous savez cela, vous qui avez étudié le grec et le latin dans plus de livres que je n'en ai vus de ma vie, Dieu merci... J'ai manié long-temps la pioche et la pelle.... J'ai besoin d'un verre de *ruine-bleue* (1), voyez-vous, chaque fois que je pense à cela... C'est un rude métier, sur ma parole, et, par les

---

(1) *Blue ruin*, nom populaire du gin.

nuits d'automne, on voit d'étranges choses dans les cimetières... Mais ne parlons pas de cela. Aussi bien, j'ai mes ouvriers maintenant, et du diable si j'ai touché une tombe depuis deux ans... Les nuits sont faites pour dormir ou pour boire : je bois ou je dors. Le doyen de Saint-Paul n'en peut dire davantage.

Bishop se leva et mit une forte corde de soie dans le collier de Turk, qu'il attacha solidement à un anneau fixé dans le lambris.

— Ceci est une mesure de précaution, monsieur Mac-Nab, murmura-t-il. Ce diable de Turk, quand on le laisse faire, vous détériore un sujet avant qu'on ait le temps de dire zest !... Un bras est bien vite avalé, voyez-vous...

Stephen fit un geste de dégoût.

— Bien, bien, monsieur ! grommela Bishop ; je sais que vous avez le cœur sensible... Mais, après tout, un chien n'est pas un homme. Turk n'y voit pas plus de malice que vous lorsque vous mangez une côtelette.

— Dépêchons, monsieur, je vous prie ! dit Stephen.

— Que votre volonté soit faite, mon jeune gentleman.

Bishop, ce dogue sauvage revêtu d'un corps d'homme, dont doivent assurément se souvenir les habitués de la cour des sessions, Bishop était la personnification la plus complète possible de la brutalité. Il n'était pas plus méchant qu'un autre, nous a dit le vieux Noll-Brye, porte-clés de Newgate, qui fut chargé spécialement de la garde du terrible burkeur avant sa condamnation ; mais il avait quelque chose en lui qui le forçait à faire esclandre. Ainsi, Mr Bishop (Noll-Brye ne parle jamais de ses *cliens* qu'avec les formules de la plus exquise courtoisie) Mr Bishop enfonçait une porte d'un coup de talon, lorsqu'il lui aurait suffi d'un tour de clé pour arriver au même résultat. Au lieu de dépecer une volaille proprement et à loisir comme fait un gentlemen, il la déchirait avec ses mains et ses dents ; au lieu de déboucher une bouteille, il brisait le goulot...

Il y a bien des choses dans la tête du vieux

Noll-Brye, et nous pouvons affirmer qu'il en sait plus sur certains sujets que tous les membres réunis de la Société phrénologique.

Il est vrai que ces derniers ne savent rien.

Bishop, cette fois, n'enfonça point de porte, mais il saisit avec violence un bouton de cristal fixé dans le velours du lambris, et, sous son effort, un des panneaux glissa brusquement le long d'une rainure, laissant à découvert un trou noir, d'où s'échappa une bouffée d'air humide.

— Donnez-vous la peine d'entrer! dit-il avec un éclat de gaîté grossière.

Stephen n'en était plus à l'hésitation. Son inquiétude, passant par toutes les phases de crainte et de désir, était de la fièvre à présent. Il s'élança résolument vers le trou.

— Un instant! s'écria Bishop en le repoussant assez rudement; — excusez mes façons, mon jeune monsieur, mais mieux vaut, je crois, jeter un homme de côté que de le laisser se casser le cou... Quand je vous ai dit d'entrer, c'était une manière de parler.... C'est descendre qu'il fallait dire, car il n'y a là qu'un trou d'une vingtaine de pieds de profondeur et une échelle... Permettez que je passe le premier.

Bishop se soutint au lambris et mit, à reculons, ses pieds sur l'échelle. Stephen le suivit.

—N'ayez pas peur, murmurait Bishop en descendant. — L'échelle est bonne et vous la remonterez... Tous ceux qui l'ont descendue n'en pourraient dire autant, monsieur Mac-Nab... C'est l'échelle de la science, pardieu !... Elle ne garde guère que la docte poussière des bottes de Royal-College... Ah! ah! mon jeune gentleman, vous êtes venu un bon jour. Cette nuit même on a fait la ronde dans les cimetières de l'est et de Southwark... L'exhibition est au complet.

Stephen cessa de descendre.

—N'avez-vous là que des cadavres exhumés? demanda-t-il.

—Eh! eh! fit Bishop avec une affreuse coquetterie de marchand ;—je ne dis ni oui, ni non, monsieur Mac-Nab... Vous allez voir ! vous allez voir !... La chose en vaut la peine... Et pourtant, je veux bien vous avouer tout de suite qu'on me donne plus de mérites que je n'en ai... C'est comme pour les gens d'esprit, monsieur : on leur met sur le dos tous les bons mots qui se disent à vingt lieues à la ronde... Un chat ne peut pas être assassiné la nuit dans les rues de Londres sans qu'on m'en fasse honneur... « C'est Bishop, dit-on, Bishop le burkeur... » Sur ma foi, ni Grey, ni Melbourne, ni Holland, le neveu de Fox, ni Stanley, ni Peel, ni Graham, le sot conformiste, ni Althorp, ni John Russel ; — un assez bon diable, celui-là ! — ni même le vieux Wellington n'est aussi connu que moi... Ceci est un fait, monsieur Mac-Nab... Et je ne vois pas quelle différence on peut faire entre la renommée d'un homme et la renommée d'un autre... Ah! ah! c'est long à venir, la réputation, monsieur; vous verrez cela dans votre partie; mais, quand cela vient, c'est pour tout de bon et l'on n'en sait plus que faire... Bishop par-ci, Bishop par-là... Ah! ah! Bishop! Il n'y a que Croquemitaine pour valoir ce nom-là !

Le burkeur riait tant qu'il pouvait et faisait tressaillir l'échelle aux convulsions de sa gaîté sinistre.

— Eh bien, monsieur Mac-Nab, reprit-il plus sérieusement, — ce sont des sottises, voilà tout. On tue quand on a besoin de tuer, assurément... sans cela, en conscience, on serait un pauvre marchand... mais on n'assassine pas, comme les cokneys le croient, du soir au matin dans la rue. Diable! monsieur, si l'on s'avisait d'agir ainsi, la police serait forcée de donner signe de vie à la fin... son silence coûte bien assez cher comme cela, monsieur! et la moitié de mon bénéfice y passe... Je ne dis que l'exacte vérité! — Ah! ah! ne croyez-vous pas qu'elle se tait, comme me dit ce pitoyable nigaud de commissaire-adjoint de Lambert-Street, M. Robert Plound, esq., « dans l'intérêt combiné de la science » et de l'humanité?» Ma foi, c'est possible, après tout, et je m'en moque... mais nous ne devons pas aller trop loin pourtant dans l'intérêt combiné de nos épaules et de notre cou... Hé! hé!... La plaisanterie ne me semble pas trop mauvaise... Et puis, monsieur, Mac-Nab, les corps burkés sont diablement chers... Nous ne faisons guère cet article-là, soit dit entre nous, qu'avec certitude de bon placement et sur commande expresse... Nous voici en bas, monsieur.

Stephen souffrait horriblement. Son sang passait par des alternatives de froid glacial et brûlante chaleur. A chaque instant sa bouche s'ouvrait pour dire à Mr Bishop de se hâter, et il ne parlait point, parce qu'une irrésistible terreur paralysait sa langue.

Mr Bishop ouvrit une porte. Le regard avide du jeune médecin plongea tout-à-coup dans une grande salle voûtée, de forme oblongue, éclairée par des lampes ; tout autour de cette pièce, qui était une cave et tenait à peu près la place qu'occupent les cuisines et offices dans les maisons ordinaires, des tables de marbre, inclinées, s'alignaient.

Les murailles, blanchies à la chaux, renvoyaient, plus blafarde, la pâle lumière des lampes sur des formes humaines, raides, immobiles, couchées, et ressortant avec une extrême énergie sur le marbre noir des tables.

Au milieu de la salle, une grande cassolette, où brûlait de l'encens, tamisait ses minces jets de vapeur à travers les mille trous d'un couvercle d'argent.

Le contraste entre ce jour pâle épandant de toutes parts ses blanchâtres rayons et le jour empourpré du cabinet de Bishop était si grand qu'on aurait pu le croire ménagé à dessein. Il semblait qu'en franchissant le seuil de cette cave mortuaire un voile sépulcral s'interposait tout-à-coup entre la vue et les objets. L'œil, habitué au rouge rayonnement des tentures de l'étage supérieur, gardait sur sa pupille comme une arrière-perception de couleur écarlate qui, se mêlant aux teintes blafardes du caveau, mettait des tons violets aux blancs contours de ces cadavres symétriquement endormis sur leurs sombres couches.

C'était une chose hideuse à voir que cette mort mise à nu, et nette, et parée de commerciales séductions.

Une essence sacrilége avait passé sur ces

membres glacés, enlevant la sainte poussière des tombes. On avait tiré ces muscles raidis, peigné ces cheveux mêlés, entr'ouvert ces lèvres d'où le souffle suprême s'était enfui pour jamais.

Cette jeune fille, arrachée à la terre bénite avait pris une pose lascive sur son lit de pierre. On avait déchiré son dernier voile et ses formes de vierge se prostituaient au regard, privées de la nuit tutélaire et chaste où sa mère la croyait endormie.

Ce vieillard montrait dans toute sa laideur l'effrayant ravage des années. On n'avait point laissé à cette ruine humaine un lambeau de linceul pour voiler son horreur.

Il y avait au moins dix tables et pas une n'était vide.

A peine la porte du caveau s'était-elle ouverte que la parole avait expiré sur la lèvre de Bishop. Ce n'était plus le même homme. Soit par l'effet du changement subit de jour, soit qu'il fût réellement ému, malgré l'affreuse légèreté de son récent discours, ses traits parurent se couvrir instantanément d'une mortelle pâleur.

Il saisit le bras de Stephen. Sa main était froide.

— Tout est blanc ici, murmura-t-il, tout est rouge là-haut... C'est pour oublier... Quand je n'ai pas de rouge autour de moi, monsieur Mac-Nab, tous les hommes me semblent être des cadavres.

Il essaya de sourire et poursuivit en ébauchant un blasphème :

— J'ai oublié la bouteille de gin, voyez-vous, et je ne vaux rien sans gin parmi ce troupeau de coquins morts... C'est pitoyable, mais c'est comme cela... Passons vite et choisissez.

Stephen ne se le fit point répéter. Il s'élança et fit précipitamment le tour du caveau avant que Bishop fût seulement arrivé à moitié route.

Puis il se laissa tomber haletant sur ses deux genoux.

— Merci ! merci ! murmura-t-il.

C'était à Dieu qu'il parlait.

— Eh bien ! eh bien ! monsieur Mac-Nab, s'écria de loin Bishop dont la voix paraissait singulièrement troublée ; — vous ne m'attendez pas !... Dites-moi !... ce vieux grigou à barbe blanche a remué, sur ma parole !... il remue encore, tenez !... Ma foi, c'est un métier du diable après tout, monsieur Mac-Nab !

Stephen n'avait garde de répondre ; il était tout entier au bonheur de n'avoir point vu là ce qu'il craignait tant d'y voir.

Bishop le rejoignit, en ayant soin de ne regarder ni à droite ni à gauche. Son pas était mal assuré. Lorsqu'il arriva au seuil, il poussa Stephen sans façon, et se hâta de refermer la porte.

Cela fait, un bruyant soupir s'échappa de sa poitrine.

— Ah! ah! monsieur Mac-Nab, s'écria-t-il, sans plus garder aucune trace de son trouble; — les drôles ont beau me faire la grimace, ils sont à moi et je les vendrai!... Montez, monsieur, montez!... Un mur de six pieds d'épaisseur sépare toute cette clique de la rue, et il faudrait un miracle pour me les enlever. J'ai mes petits moyens, voyez-vous, et je ne vous ai pas tout montré... Un espion pourrait descendre mon échelle et n'y voir que du feu... Je vous dis la vérité, monsieur !... Il m'en a coûté plus de mille livres pour faire établir cela, mais c'est joliment fait, et en pressant le bouton seulement... Vous m'entendez, je pense ?... les tables basculent et laissent voir... Pardieu ! devinez quoi, M. Mac-Nab ?... Vous ne voulez pas deviner ?... ou vous ne pouvez pas, peut-être ?... Eh bien ! elles laissent voir d'honnêtes tonneaux d'ale et de porter... Des tonneaux ayant acquitté le droit et sur lesquels il n'y a pas le plus petit mot à dire... Montez, montez donc : j'ai soif.

Bishop reprit haleine et poursuivit :

— Monsieur Mac-Nab, en définitive, comment trouvez-vous cela, s'il vous plaît ?...

Vous ne dites mot ?... Ah ! ah ! ah ! vous avez eu peur, soyez franc ?

— Non, monsieur, répondit Stephen.

— Ni moi non plus, pardieu. — Mais j'avais oublié ma bouteille de gin.

En rentrant dans le salon rouge, Bishop se hâta de réparer son oubli et but coup sur coup deux grands verres.

— C'est l'exacte vérité, monsieur Mac-Nab, dit-il ensuite : — je ne changerais pas mon métier contre celui du pape... Voyons !... avez-vous fait votre choix ?

Stephen répondit brièvement que rien de

ce qu'il avait vu ne pouvait servir à ses études du moment.

— Oh! oh! fit Bishop sans trop de mauvaise humeur; — tant pis, monsieur, tant pis!... J'espère que vous avez été content de mon *exhibition?*

Stephen fit un signe affirmatif.

— Cela suffit, monsieur Mac-Nab. Nous nous arrangerons une autre fois, car je pense que je puis compter sur vous, ajouta-t-il en mettant de la malice dans son gros sourire, — mon avis est que vous êtes venu par pure curiosité... On ne voit pas comme cela en courant et d'un coup d'œil si, parmi dix morceaux, il ne s'en trouve pas un qui puisse convenir... Mais n'importe !... je suis bien aise d'avoir fait votre connaissance, monsieur Mac-Nab.

Stephen salua et se dirigea vers la porte. M. Bishop le reconduisit jusqu'au seuil. Arrivé là, il reprit avec un singulier mélange d'embarras et d'effronterie :

— L'idée me vient, mon jeune gentleman, que vous m'avez pris pour un sot en voyant ma conduite, là-bas... Le fait est que je suis pas à mon aise sans ma bouteille de gin... mais quand j'ai mon gin, voyez-vous, je me moque de tous ces pâles coquins comme du grand Mogol... Au plaisir de vous revoir, monsieur Mac-Nab.

Stephen était médecin et les travaux de l'amphithéâtre émoussent un certain côté du cœur. Nous tomberions hors du vrai, si nous disions que la vue de cette boutique mortuaire avait fait sur lui une impression comparable à celle qu'eût éprouvée à sa place un homme du monde, doué de la sensibilité la plus ordinaire; néanmoins, en sortant de chez M. Bishop, il ouvrit sa poitrine avec joie à l'air libre du dehors.

Mais ce n'était pas l'idée de la mort qui l'oppressait, c'était l'idée du crime.

Un instant il se donna tout entier à la consolante pensée que les deux sœurs n'étaient point tombées sous la main d'un assassin; mais la réflexion modéra bien vite sa joie.

Bishop n'était pas le seul pourvoyeur des chirurgiens de Londres; et les autres, moins riches ou moins audacieux, entouraient leur hideux commerce d'un mystère impénétrable.

Stephen n'avait donc aucun moyen d'acquérir à cet égard une complète certitude.

Lorsqu'il revint à la maison de Cornhill, Bess lui dit qu'un homme inconnu l'attendait dans le parloir. Cet homme parlait des deux jeunes filles enlevées...

Betty n'en put dire davantage. — Stephen l'écarta brusquement pour entrer dans le parloir.

XIV

L'ENSEIGNE DE SHAKSPEARE.

Stephen avait complétement oublié Donnor d'Ardagh, le pauvre Irlandais, et l'étrange marché qu'il lui avait proposé à la porte de Bishop le burkeur.

Eût-il songé à Donnor d'Ardagh, le commencement d'explication de Betty, affirmant que l'homme qui attendait dans la salle du rez-de-chaussée parlait des deux jeunes filles, eût rejeté Stephen à cent lieues du pauvre Irlandais.

En entrant dans le parloir, il reconnut Donnor, plutôt à son habit en lambeaux qu'à sa figure, car le pauvre Irlandais s'était assoupi en l'attendant, et son visage, appuyé sur sa main se cachait derrière les touffes en désordre de ses épais cheveux.

Stephen, qui s'élançait avec toute l'ardeur de sa curiosité inquiète, s'arrêta désappointé.

— Il n'y a que vous ici? s'écria-t-il.

Donnor ne saisit point le sens de ces paroles, mais il s'éveilla en sursaut; sa main s'appuya tout d'abord sur son estomac.

— Oh! murmura-t-il; — j'ai rêvé que je mangeais du pain!... Cela fait du bien, même en rêve, car je ne souffre plus de la faim...

Il aperçut Stephen et tressaillit de la tête aux pieds.

— Je n'ai pas rêvé, reprit-il; — j'ai mangé... le prix de mon sang. — Me voilà, Votre Honneur, poursuivit-il avec une tristesse calme. — Je suis allé dans Saint-Gilles. La petite fille a des habits, et j'ai acheté du pain... J'ai eu tort d'acheter du pain, ajouta-t-il en soupirant, car le pain est bon et donne envie de vivre... C'est égal ; me voilà.

Donnor s'était levé et se tenait debout, les bras croisés, en face de Stephen, qui, harassé de fatigue, venait de se jeter dans un fauteuil.

— C'est bien, murmura ce dernier, avec distraction. Je verrai à vous employer.

— Ecoutez, Votre Honneur, dit résolument Donnor, pas de retard !... Maintenant que je ne souffre plus, je me sens des idées de vivre. Je n'ai que quarante ans, après tout... finissons-en. J'ai une corde dans ma poche ; vous n'aurez que le clou à fournir.

Stephen le regarda, étonné.

— Remettez-moi les vingt-cinq shellings que vous me devez, poursuivit Donnor, et montrez-moi le chemin de votre laboratoire... ce soir, ce sera fait.

Le souvenir de ce qui s'était passé, revint tout-à-coup à Stephen.

— J'ai besoin d'amis vivans, Donnor dit-il avec un sourire involontaire, et je tâcherai de vous ôter l'envie de vous pendre... Mais avez-vous été toujours seul ici depuis votre arrivée ?...

— Votre Honneur !... Votre Honneur ! s'écria Donnor au lieu de répondre, dites-moi cela mieux et plus au long... Je suis un pauvre homme... il serait mal de me laisser croire... Ne voulez-vous donc point mon corps en échange de votre argent?

— Assurément non, mon ami, répliqua doucement Stephen.

— Oh !... fit Donnor, étouffé par la surprise.

Puis, il poursuivit avec un flot de volubilité sans pareille :

— J'aurais dû m'en douter... Et ne me l'aviez-vous pas dit déjà dans Worship-Sreet, Votre Honneur?... Mais je ne voulais pas vous comprendre, parce que j'ai bien souvent espéré... Et cela fait tant de mal d'espérer en vain!... Mais, oh! Votre Honneur! quand j'ai vu que vous demeuriez dans cette maison, d'où les deux petites demoiselles m'ont bien des fois jeté leur aumône...

— C'est donc vous qui avez parlé d'elles? interrompit Stephen.

— C'est moi, Votre Honneur.

— Vous les reconnaîtriez?...

— Entre mille, sur mon salut éternel!... J'ai parlé d'elles parce que vous m'avez dit dans Worship-Street que vous cherchiez deux jeunes filles enlevées... et j'ai eu peur...

— Ce sont elles que je cherche, Donnor.

— Ce sont elles! répéta l'Irlandais en joignant ses maigres mains, qu'il éleva au dessus de sa tête; — ce sont elles, les deux pauvres anges!... Et les avez-vous retrouvées, Votre Honneur?

Stephen secoua la tête avec tristesse.

— Oh! je les retrouverai, moi! s'écria Donnor en saisissant le bras de Mac-Nab; je les retrouverai, fussent-elles entre les griffes de ce démon à mille têtes, la *Famille!*... Je connais cela, moi, Votre Honneur!... Snail et Loo, mes deux enfans, sont tombés au piége et font partie de cette honteuse armée qui assiége incessamment la nuit de Londres... Quand je mourais de faim, j'ai refusé l'argent qu'ils voulaient me donner, parce que la main

du fils de mon père est pure, Votre Honneur,
Dieu merci!... Mais pour vous, qui avez eu
pitié de moi... pour les deux pauvres anges
qui ont si souvent soulagé ma misère... oh!
je ne sais pas ce que je ferais!...

— Merci, Donnor; merci, dit Stephen; —
mais qu'espérez-vous?

— La petite Loo a bon cœur, répondit l'Irlandais, et Snail est un garçon avisé... Votre
Honneur, si la *Famille* est pour quelque
chose dans l'enlèvement des deux demoiselles, je le saurai... je saurai où elles sont...
Et alors je reviendrai vers vous, afin de
suivre vos ordres et de vous aider dans vos
efforts.

Stephen, lui serra la main, et Donnor, dont la physionomie, pétrifiée par la misère, s'illuminait maintenant au feu d'un enthousiaste dévoûment, dit encore avec cet accent de reconnaissance que l'hypocrisie la plus habile ne sut jamais imiter :

— Vous avez donné une robe à la petite fille qui était toute nue dans Church-Street, Votre Honneur; vous avez promis une croix à la pauvre Nell : pour tout cela, je vous avais offert mon corps... Je vous donnerai ma vie, si je peux, Votre Honneur, à vous et aux demoiselles ; — parce que vous trois tout seuls dans Londres entier avez eu pitié du pauvre Irlandais...

Il est certain que le lecteur a très grand

désir de savoir ce que mistress Footes, mistress Crubb et mistress Bull, qui, bien entendu, se tenaient en observation à la fenêtre de mistress Bloomberry avec mistress Brown et mistress Croscairn, pour surprendre quelque signe de désolation dans la maison Mac-Nab, pensèrent de l'habit noir en lambeaux et des cheveux hérissés du pauvre Donnor d'Ardagh, mais certaines critiques nous ayant été faites touchant le rôle important que ces vertueuses dames jouent dans notre récit, nous nous bornerons à noter ici l'opinion de mistress Black et de mistress Dodd, qui ne pensèrent rien du tout.

Donnor descendit de toute la vitesse de ses jarrets le trottoir de Cornhill, en se dirigeant vers Saint-Paul. Il était toujours bien faible, et ses misérables jambes, appauvries par un jeûne chronique, flageolaient sous le poids de son corps efflanqué : un coup de poing de Tom Turbull ou de Mich l'eût brisé littéralement comme un verre ; mais sa figure avait perdu son aspect de morne immobilité. Il y avait du feu dans ses grands yeux expressifs et doux ; le travail d'une marche rapide mettait de fugitives couleurs aux pommettes saillantes de ses joues creusées, et l'ensemble de son visage annonçait l'ardeur d'un courage bien au dessus de ses forces.

Il allait le front haut, l'œil assuré, et tout en courant il s'entretenait avec soi-même, suivant l'habitude des gens qui vivent dans la solitude et n'ont point d'oreille amie à qui confier leurs pensées.

—Oh! le bon jeune gentleamn! se disait-il avec la loquacité redondante des gens de sa nation; — oh! le brave cœur!... et les pauvres chers anges!... Oh! que Dieu, la Vierge et mon saint patron les protégent tous les trois!... Dire que le malheur s'est abattu justement sur cette pauvre maison, la seule dans Londres où j'aie trouvé de bonnes âmes pour avoir pitié de moi... Ah! Donnor, il faut travailler, chercher, mourir à la tâche... Et tu le feras, Donnor... Oui, oui, je le ferai.

Il s'arrêta, essoufflé, au bout de Fleet-Street, devant Temple-Bar.

— Mais où le trouver, maintenant, ce méchant enfant de Snail? pensa-t-il; — Dieu sait où il loge, s'il loge quelque part !... Voyons : il y a le public-house de la femme Peg, dans Before-Lane... mais c'est le soir, aux heures du spectacle... Il y a l'asile du Temple... mais je n'ai pas le mot : on me refusera la porte... Et puis, Snail aime mieux boire et s'amuser que de dormir dans une cave...Ah ! il y a le spirit-shop de Shakspeare ! à deux pas d'ici... Mes pauvres jambes ont grand besoin de se reposer.

Donnor reprit sa course, passa sur la gauche de l'église de Saint-Clément et tourna dans Wych-Street où est situé le spirit-shop de Shakspeare, connu dans Londres entier pour être le rendez-vous des voleurs de toute sorte.

A cette époque, on voyait encore au dessus de la devanture, badigeonnée d'éclatantes couleurs, la fameuse enseigne allégorique : un poisson et un oiseau dans un globe de verre.

Nous avons peine à croire que les habitués de *Shakspeare* eussent besoin de cet avertissement symbolique pour craindre Newgate et la déportation.

Ce célèbre *rookery* (1) était alors comme

---

(1) Nous avons déjà donné l'explication de ce terme qui littéralement veut dire : lieu où les grolles abondent. — Le mot *rook*, du reste, a passé de l'argot dans la langue, et on l'emploie volontiers pour signifier filou. — Ainsi *rookery* : repaire de filous.

il est encore aujourd'hui, un public-house d'assez belle apparence, situé au milieu de Wych-Street, à peu près à trois cents pas de l'église Saint-Clément. Ses chalands sont toujours, à l'exclusion de toute autre classe de *citoyens*, des gens de police et des voleurs.

Ces deux castes, que le badaud croit ennemies mortelles, y vivent en parfaite intelligence, et se témoignent mutuellement ces égards que commande une estime réciproque.

Seulement, de temps à autre un policeman en mauvaise humeur *croque* (arrête) un voleur sans défiance. — L'assistance ne s'en émeut point. C'est dans l'ordre, et ces petits malheurs peuvent arriver à tout le monde.

Nous parlons, comme de raison, du monde qui fréquente le public-house de *Shakspeare*.

La police de Londres verserait d'abondantes larmes si, par un malheur impossible à prévoir, ce *rookery* modèle venait à être détruit. Ce public-house, en effet, lui sert de *réservoir*. Elle n'a qu'à y plonger sa main crochue pour en retirer au hasard, de temps à autre, un plat tout préparé pour la cour des sessions. — Et, par tout pays, la police aime à faire preuve de zèle, sans renoncer aux douceurs du *far niente* habituel. Donnor entra brusquement dans le comptoir et passa le plus vite possible devant l'obèse préposé à la comptabilité du public-house. Celui-ci eut bien velléité de lui refuser la porte du parloir, mais les voleurs de Londres sont sujets à revêtir de singuliers déguisemens, et notre homme se ravisa, craignant de mécontenter quelque bandit d'importance caché sous ces misérables haillons.

Il était alors quatre heures de l'après-midi environ. Le parloir du rookery était presque vide. Cependant deux ou trois cases étaient occupées, et, dans l'une d'elles, maître Snail, revêtu du fameux costume de gentleman qu'il avait acheté deux jours auparavant dans Harte-Street, sur l'ordre du bon capitaine Paddy O'Chrane, jouait gravement au whist avec Tom Turnbull et deux autres hommes de la *Famille*.

Tom Turnbull avait le front bandé à l'aide

d'un mouchoir ; mais, du reste, il ne gardait aucune trace de l'affreux combat soutenu par lui à *The Pipe and Pot*. Le gros Mich, moins heureux ou plus sensible, était entre les mains d'un chirurgien.

Dans une autre case, vis-à-vis d'un miroir suspendu à la muraille, la petite Loo faisait sa toilette pour la promenade du soir. Elle avait disposé en boucles les masses abondantes de ses cheveux blonds, et passait sur ses joues haves un tampon chargé de vermillon.

La lumière du jour, éclairant ses formes amaigries, rendait plus visibles et plus effrayans les ravages du vice sur cette misérable victime d'une précoce débauche. La pâleur livide de la pauvre enfant perçait sous son rouge, et aucun fard ne pouvait masquer le cercle bleuâtre, profond et large que l'ivresse, les veilles et la souffrance avaient tracé sous ses grands yeux abêtis.

Chaque fois qu'elle levait les bras au dessus de sa tête pour arranger sa chevelure, l'effort arrachait à sa poitrine malade un râle plaintif et rauque. — Elle s'arrêtait alors et buvait du gin.

Quand elle avait bu, un souffle de vie courait par ses petits membres courbaturés. Elle souriait à son miroir, et chantait d'une voix triste un lambeau de refrain obscène.

L'infortunée présentait à elle seule un tableau complet, funeste, honteux, de la dégradation hâtive où meurt en son germe une partie de la jeunesse pauvre de Londres. Tout cœur honnête se fût empli d'une douleur profonde en voyant cette prêtresse impubère de la Vénus anglaise, usée par les repoussans labeurs de ses nuits d'infamie, combattant l'agonie par l'ivresse, et chantant, insoucieuse, parmi le râle déchirant de ses poumons en feu.

Mais il ne faudrait point ici mêler à la pitié le mépris ou la colère. Bien cruel et bien insensé celui qui conspuerait aveuglément la victime, au lieu de garder au bourreau son dédain tout entier, son courroux et sa haine ! — L'homme qui sent donne une larme à ces tristes enfans que la main du vice a flétris et va tuer ; l'homme qui pense cherche un remède à cette lèpre hideuse et mortelle ; l'homme fort s'indigne et se retourne contre le monstre qui pollue ainsi sa propre race, contre ce peuple pourri jusqu'à la moëlle, contre cette capitale, grande prostituée experte à toutes hontes, dont la corruption colossale, mise à nu quelque jour, épouvantera le monde, et qui finira par s'écrouler, abîmée comme Sodome ou Ninive, sous le fardeau trop lourd de son ignominie.

Or, il y avait à Londres en ce temps un homme qui sentait, qui pensait et qui était fort. Cet homme avait un coup d'œil perçant et juste ; il vit l'excès du mal et leva pour le combattre un bras de puissance à renverser un empire.— Mais peut-être Dieu veut-il un cœur pur aux ministres de ses vengeances, et cet homme s'était fait bien souvent du crime une arme pour lutter, un moyen pour monter et se grandir à la taille de son gigantesque ennemi...]

Pendant que la petite Loo se parait, en chantant et en buvant, des oripeaux fanés qui servaient à sa toilette du soir, Snail, à qui son costume de gentleman inspirait une fierté bien naturelle, poursuivait sa partie de whist avec ses trois camarades qui le trichaient.

— Trois et les honneurs ! dit-il en mêlant les cartes ; — gagné triple, mon camarade Tom... Qui est-ce qui dirait, en me voyant jouer comme cela vis-à-vis de vous, que vous avez presque tué Mich, mon beau-frère?...

— Pauvre Mich! dit de loin Loo; — voilà trois jours qu'il ne m'a battue.

— Buvez, ma sœur Loo, buvez et chantez, voyez-vous, et ne nous empêchez pas de jouer tranquillement, nous autres hommes!

Le tour commença et s'acheva. On avait beau tricher Snail, il gagnait toujours.

— Honneurs égaux! marquez trois points seulement Tom, dit-il... Ah ça, ma jolie Madge m'a conté cette nuit une histoire de tous les un diables... Je veux mourir si j'y comprends mot... Elle dit que milords de la nuit ont acheté Saunders l'Eléphant, l'ancien géant du cirque d'Astley, pour creuser une mine sous le palais du roi.

— Ce n'est pas sous le palais du roi, répliqua Charlie, le gros waterman, c'est sous le magasin des joyaux de la couronne, dans la Tour.

— Bonne idée! s'éria Snail; — mais l'éléphant en aura long à percer, car le magasin est au milieu de la Tour : — et la Tour est large.

— Bah! dit Tom Turnbull, — fadaises que tout cela... faites attention à vos cartes, vous autres!

— On peut parler tout en jouant, je pense, mon camarade Tom Turnbull! répartit Snail avec impatience; — allez voir si les gentlemen des clubs font un rob entier sans causer à leur aise... Voyez-vous, ma femme Madge raconte des choses très curieuses là-dessus : je voudrais qu'elle fût ici ; mais elle s'est embarquée ce matin pour porter des légumes frais et de la viande au brick le *Kean*, — qui a jeté l'ancre hier au dessus de Greenwich... Elle dit que Saunders fait autant de besogne à lui seul que douze hommes... et il est assez gros pour cela, mes garçons !

— Douze hommes comme toi, escargot bavard ! grommela Tom.

— Comme moi ou comme vous, Turnbull... Il n'y a vraiment pas grande différence... nous sommes tous deux des gaillards ! Quant à ce Saunders, je donnerais, pardieu ! une demi-guinée pour le voir à l'œuvre... Vous souvenez-vous ? l'an dernier, au cirque d'Astley, il soulevait un cheval !

— Il soulevait ce qu'il voulait, fils cadet du diable!... Fournis à pique !

— Je fournis à pique, Tom... et j'invite à trèfle, mon camarade... C'est Paddy, le capitaine, savez-vous, qui est le cornac de l'éléphant... Je lui demanderai de me faire voir cela.

— Le fait est que ce doit être joli, dit Charlie, — mais si on enlève les joyaux de la couronne, que nous en reviendra-t-il ? quelques shellings ?... Ah ! si Son Honneur n'était pas venu, Turnbull, nous aurions maintenant les bank-notes de M. Smith...

— Et quelle bamboche ! s'écria Tom.

— Quel *fun* ! dit Snail...

Loo toussa dans sa case et sa salive se teignit de sang.

— Je n'ai plus de gin, murmura-t-elle.

Puis elle ajouta en pressant de ses deux mains sa poitrine haletante :

— Le feu revient... le feu !... C'est du feu que j'ai là-dedans !

Ce fut à ce moment que la porte du parloir, brusquement ouverte, donna passage à Donnor d'Ardagh.

— Tiens ! tiens ! s'écria Snail sans se déconcerter ; voilà le père !... Vous feriez bien d'ôter votre chapeau, Tom Turnbull... Ma sœur Loo, faites la révérence, je vous prie.

XV

DONNOR.

A l'aspect de Donnor d'Ardagh et de son habit noir en lambeaux, le premier mouvement des bandits assemblés dans le parloir de *rookery* fut de rire ; mais l'honnête visage du pauvre Irlandais portait en soi quelque chose qui commandait l'intérêt, ce qui, joint aux paroles de Snail, fit taire les éclats de leur bruyante gaîté.

— Ah! c'est ton père, cela, Snail, dit Tom en touchant son chapeau : — diable!...

Le gros Charlie et l'autre joueur firent un signe de tête amical.

— Oui, c'est mon père, s'écria Snail, mon brave homme de père qui vient boire avec nous, pardieu!

Donnor avait continué de s'avancer d'un pas précipité tant qu'avait duré son élan; mais sa course l'avait épuisé. Il se laissa tomber sur un banc et tâcha d'étancher, avec l'aide de ses mains, la sueur de son front.

— Voulez-vous boire, *daddy* (papa)? demanda Snail ; je vous présente ces trois gentlemen qui sont mes amis et mes camarades.

Les trois *gentlemen* firent trois saluts tels quels.

—Si ma femme Magde n'était pas sur l'eau, pardieu! poursuivit Snail en relevant son col avec une gravité grotesque, — je vous la présenterais, daddy.

Donnor ne répondait point et regardait son fils avec un muet étonnement. Le ton de Snail avait été, depuis le commencement de cette scène, sans aucun mélange d'irrespectueuse raillerie. Le petit drôle était arrivé à ce point de pouvoir dire toutes ces sottises de la meilleure foi du monde.

— Je n'ai pas soif, dit enfin l'Irlandais avec effort; — vous avez de beaux habits, Snail.

— Oui, daddy... je ne suis pas mécontent de mon tailleur... Je pense que ma toilette est celle de tous les gens comme il faut.

— Pauvre Nell! murmura Donnor.

Snail n'entendit pas. S'il eût entendu, il n'eût point compris ce qu'il y avait d'amère douleur dans le souvenir évoqué d'une chaste épouse en face de la dépravation d'un fils.

— Daddy, reprit-il de ce ton de bonne amitié que prendrait un fils honnêtement parvenu en face de son père resté pauvre, — vous ne vous soignez pas assez ! Vous êtes maigre comme un paratonnerre, daddy... N'est-ce pas, Tom ?... Que diable ! vous me ferez passer pour un mauvais fils !

— Laissons cela, enfant, dit Donnor avec une gravité pleine de tristesse ; je ne suis point venu ici pour m'occuper de moi... Où donc est votre sœur, Loo ?

— Loo !... pardieu ! j'y pense, daddy, vous avez raison... j'avais engagé Loo à venir vous faire la révérence, comme c'est son devoir... Elle sera ivre, dad, peut-être, voyez-vous... C'est la moindre des choses... il faut bien qu'elle humecte sa pauvre poitrine... Mais où diable est-elle? ajouta-t-il en parcourant le parloir du regard.

Loo avait disparu.

— Par exemple, voilà qui n'est pas bien, reprit Snail d'un ton sentencieux; — voyez-vous, Tom, mon ami, je n'aurais jamais cru cela de ma sœur Loo... Que diable! il faut savoir un peu se conduire... Loo! ma sœur Loo!

— Assez, Snail, dit l'Irlandais, je vous parlerai seul.

— Du tout, daddy, du tout; il faut que Loo apprenne les bonnes façons... Elle est la sœur d'un gentleman et ne doit point agir comme une fille sans aveu... Loo! ma sœur Loo!

On entendit le bruit étouffé d'une toux convulsive que l'on cherchait à réprimer.

—Eh! je savais bien! s'écria Snail;—elle est tombée dans quelque coin... Si c'est comme cela, vous sentez, daddy, qu'il n'y a rien à dire... quand on est ivre...

— Cette toux est affreuse, murmura Donnor qui s'était levé.

— C'est une mauvaise toux, daddy... Mais avec du gin on la fait taire... Tenez! je vois le bout de sa robe.

Il s'élança et tira le bras de Loo cachée derrière la cloison d'une case.—La pauvre petite fille faisait résistance. L'abrutissement de ses facultés intellectuelles avait empêché le poison de l'exemple d'agir aussi efficacement sur elle que sur son frère Snail : elle pouvait encore avoir honte devant son père qu'elle aimait.

C'était pour cela qu'elle s'était cachée.

Snail la fit sortir de force de sa case et la poussa au devant de Donnor en disant :

— Allons, Loo, par le diable, ma sœur, pas d'enfantillage ! Faites la révérence au daddy, Loo !

La petite fille, confuse, mit ses deux mains sur ses yeux humides.

— Père !... oh ! père !... murmura-t-elle en pleurant.

Donnor avait l'âme brisée. La vue de cette toilette caractéristique, de ces oripeaux d'infamie, la vue de ce fard plaqué sur des joues haves, aux pommettes desquelles le gin et la consomption avaient mis seulement une étroite tache de sang, la vue de cette poitrine creuse et convulsivement soulevée, tout cela le navrait. Le doigt de la mort était sur cette enfant parée pour l'orgie. Elle haletait parmi ses larmes, et sa toux, contenue, amenait une salive rougeâtre à ses lèvres décolorées.

— Elle ressemblait à Nell pourtant autrefois, pensa Donnor. — Pauvre Nell ! elle a bien fait de mourir !

Loo se tenait toujours devant son père, immobile et les yeux couverts de ses mains. Donnor lui mit au front un baiser en levant son regard humide vers le ciel.

—Que Dieu ait pitié de vous, ma fille, dit-il.

—Oh! murmura Loo, je vous aime, daddy... et je pleure quand je pense à vous... Mais il me faut du gin pour éteindre le feu qui est là dedans.

Elle pressait à deux mains sa poitrine.

—Du feu, ajouta-t-elle, du feu, toujours... Si vous saviez, daddy, comme je voudrais mourir!

Donnor fit un geste de muet désespoir.

— Diable, dit le gros Charlie, — ça commence à m'ennuyer.

— Cet habit noir est un vrai rabat-joie, répliqua Tom Turnbull.—Mais pas d'esclandre, vous autres; il a l'air d'un brave homme.

— Vrai, dad, vous me faites pleurer comme un enfant, s'écriait pendant cela Snail, qui, réellement, s'était ému sans trop savoir pourquoi... Un gentleman ne doit pas pleurer, que diable! et d'ailleurs, j'ai donné mon mouchoir de batiste à ma jolie Madge... Allons Daddy! allons Loo! assez de jérémiades comme cela, ou que Dieu me damne!... et vive la joie!...

Snail termina cette harangue éloquente par un formidable miaulement qui fit sauter à la fois tous les personnages présens. Malgré ses prétentions au titre de gentleman, Snail, enchanté de l'effet produit, allait redoubler, lorsqu'un regard de son père lui ferma la bouche.

— Du diable si on peut rire avec vous, daddy, grommela-t-il.

— J'ai à vous parler, Snail, dit doucement Donnor qui se souvenait du motif de sa visite.

— Me parler, dad ?... en particulier, je pense ?.. Quelque secret de famille, que le père veut me confier, ajouta-t-il en se tournant vers ses camarades. Je suis le fils aîné, voyez-vous... l'héritier présomptif, ma foi!

— Faites vos affaires, monsieur Snail, dit gravement Tom Turnbull.

— Gardez-moi mon jeu, reprit celui-ci... faites un mort... Je vais revenir. — Daddy, je suis à vous.

Donnor conduisit ses deux enfans à la case la plus éloignée et s'assit entre eux.

Turnbull se prit à mêler les cartes.

— Le fait est, dit-il avec une sorte de sérieux, que si j'étais le père de deux vermines semblables, — et honnête homme, par hasard, je les écraserais l'un contre l'autre, moi!

— Bah ! grommela Charlie, Loo n'a pas quinze jours à vivre, et Snail ne fera pas long-temps attendre le gibet... Tu perdrais ta peine, Turnbull.

Trois jours se passèrent. Le pauvre Donnor d'Ardagh, dans son zèle enthousiaste, avait promis à la légère plus qu'il ne pouvait tenir. Snail ne savait rien et n'avait nul moyen de savoir, malgré son intelligence réellement fort précoce. La grande *Famille*, en effet, n'avait garde de confier ses secrets à ses agens subalternes. — Snail avait juré foi d'homme qu'il allait donner satisfaction à son père sous vingt-quatre heures. Présomptueux, vain et ne manquant pas, d'ailleurs, d'une certaine bonne volonté, il tâcha peut-être, mais ne réussit point.

Au bout de ces trois jours, Stephen n'avait donc encore aucun indice qui pût le mettre sur la trace des deux sœurs. Il savait seulement qu'elles n'étaient point tombées sous les coups des assassins de la Résurrection. C'était une consolation négative, un prétexte d'espérer, un encouragement à continuer sans relâche les démarches et les recherches.

Donnor d'Ardagh se multipliait. Son zèle ardent lui donnait des forces. Il allait, tant que durait le jour, s'informant, furetant, épiant. Le soir venu, il rendait compte à Stephen des efforts de sa journée, et comme ses efforts avaient été vains, il s'accusait amèrement de son impuissance.

Dans l'univers entier, il n'y a peut-être pas deux peuples aussi essentiellement différens l'un de l'autre que les Anglais et les Irlandais. Autant les premiers sont dignes jusqu'à la morgue, réservés jusqu'à la froideur, personnels jusqu'à cet égoïsme qui s'accole à leur nom dans les deux mondes en façon de locution proverbiale, autant les autres sont d'abord facile, communicatifs, empressés, serviables, et toujours prêts à se mettre à la disposition d'autrui.

Ces qualités aimables sont, il est vrai, accompagnées chez l'Irlandais d'une sorte d'exagération folle. Il parle de mettre sa main au feu pour un ami d'un jour, et vous jette à la tête, après un quart d'heure de connaissance, l'offre brusque de sa bourse et de son cœur.

On peut prendre son cœur qui est bon, quoique versatile, étourdi, oublieux.

Mais nous défions qui que ce soit de prendre sa bourse. — Ceci soit dit sans l'offenser, car, s'il en avait une, nous croyons sincèrement qu'il l'ouvrirait volontiers.

L'Anglais, au contraire, a une bourse, toujours, mais il ne l'ouvre point, si ce n'est pour prodiguer tout-à-coup, un jour où la fantaisie le talonne, son revenu de deux années avec le faste bruyant d'une ostentation grossière et brutale. — Si le *Times* enregistrait dans ses incommensurables colonnes les noms des gens charitables, les Anglais se ruineraient en aumônes.

Aussi, sont-ils très forts pour les associations de bienfaisance, où l'aumône se fait à grand bruit, et où chacun a le droit de signer son offrande.

Il n'y aura pas beaucoup d'Anglais dans le royaume des cieux.

L'Anglais est loyal commerçant ; sa parole vaut sa signature, qui est bonne ; il ne s'engage jamais à la légère. L'Irlandais, malheureusement, ne suit point cette méthode. S'il fait un commerce, ce qui est rare, il joue au plus fin, promet sans tenir et laisse protester ses billets.

Mais, hors du commerce, l'Anglais reste toujours un marchand : il y a de l'usurier jusque chez les lords. L'Irlandais, au contraire, sait être homme. Tous les sentimens généreux sont en lui. Il aime, il se dévoue, et sa reconnaissance, lorsqu'elle parvient à percer l'atmosphère d'oubli et d'étourderie où nage son cœur d'enfant, revêt tous les caractères de la passion.

Si l'Angleterre atteignait enfin le but de ses désirs, et parvenait à dominer le monde, l'univers se mourrait bientôt du spleen. Si l'Irlande devenait un peuple et prenait la tête des nations, quels gais *meetings* on verrait de tous côtés! New-York trinquerait avec Berlin, Canton avec Paris, et la polka serait dansée, le jour et la nuit, sur toute la surface du globe.

On sait l'immense iniquité de la conduite de l'Angleterre vis-à-vis de l'Irlande. Ce compte-là se balancera quelque jour, et John Bull, qui s'engraisse de l'autre côté du canal Saint-Georges, sous l'espèce d'un millier d'épais bénéficiaires protestans, verra sa portion rognée. — Daniel O'Connell a déjà bien de la peine à empêcher de mordre les longues dents de l'Irlande, aiguisées par un jeûne de deux siècles.

En attendant, une chose qui mérite d'être notée, c'est la haine hargneuse de l'Anglais protestant contre l'Irlandais catholique. On dirait que les premiers pressentent le terme prochain de leur odieuse et usuraire tyrannie. — Quand le bourreau descend à la haine, c'est qu'il a grand'peur de sa victime.

Quant au mépris systématique affiché longtemps par la métropole, les événemens se sont chargés eux-mêmes d'en faire justice.

Donnor d'Ardagh était un véritable Irlandais, mais les défauts particuliers à sa race étaient mitigés chez lui par une sorte de mélancolie native. Il n'en était pas exempt tout à fait, et peut-être avait-il montré plus d'une fois en sa vie l'oublieuse versatilité du caractère national. Mais ici la main de son bienfaiteur l'avait tiré d'une détresse si profonde !

C'était la vie qu'on lui avait donnée en aumône, et puis tout-à-coup sa reconnaissance ardemment excitée s'était trouvée en face d'un malheur. Elle n'eut pas le temps de se refroidir. Donnor se mit à l'œuvre aussitôt. Faible, il travailla comme un homme fort. Une fois l'œuvre commencée, il la continua sans se lasser. Plus on sert, plus on veut servir, quand on a l'âme bonne. Le dévoûment se multiplie par lui-même dans sa course, et il est au cœur de l'homme une faculté sublime qui le pousse à aimer mieux à mesure qu'il sacrifie davantage.

Désormais la rainure était creusée. Donnor appartenait à Stephen plus complétement que si le jeune médecin eût accepté le fantastique marché proposé naguère devant la porte de Mr Bishop, dans Worship-Street.

Par malheur, le pouvoir du pauvre Irlandais était loin d'avoir les mêmes proportions que son zèle.

Stephen luttait avec son énergie calme et le sang-froid de son courage contre l'accablement qui le gagnait. Sa mère, brisée par ce coup affreux qui l'avait frappée à l'improviste, gardait le lit, et Mac-Nab partageait le temps que lui laissait l'activité de ses recherches entre le chevet de la vieille dame malade et le chevet de Frank Perceval.

Ce dernier était en voie de convalescence,

et le vieux Jack se délectait à constater chaque matin un peu de mieux.

—Celui-là, au moins, disait-il, fera mentir la devise du grand écusson... une bien belle devise pourtant : *Mors ferro nostra mors !*... mais pas agréable à mettre en action... Nous avons tiré de là Son Honneur : que Dieu soit béni !

Depuis cette nuit de veille qui avait précédé la fatale nouvelle, cette nuit où le monologue de Stephen, tourmenté à la fois par sa jalousie et ses souvenirs, s'était rencontré d'une façon si extraordinaire avec le rêve de Perceval, le jeune médecin n'avait point eu le temps d'entretenir son ami. Ses visites n'avaient été depuis trois jours que de courtes apparitions.

où il se hâtait de faire son office de médecin, pour s'échapper aussitôt après et reprendre sa pénible tâche.

Il n'avait point cependant oublié son dessein d'interroger Perceval. Loin de là, son désir s'était accru parmi les circonstances funestes où il venait de passer, parce que l'enlèvement des deux sœurs se rattachait pour lui, par un lien vague, du reste, et qu'il ne savait point définir, au sujet de ses sombres méditations durant la nuit de veille.

Bien des fois, depuis trois jours, il s'était dit que l'inconnu de Temple-Church n'était point étranger à l'enlèvement.

Cette idée ne tenait point devant le raisonnement, car la conduite d'Edward, durant cette soirée qui avait été comme le prologue des malheurs du pauvre Stephen, prouvait clairement qu'il ne connaissait point les deux sœurs. Et d'ailleurs, la connaissance admise, pourquoi le beau rêveur eût-il enlevé deux jeunes filles? Les larrons de sa tournure se contentent d'une proie à la fois, et ne sont point si prévoyans que de se faire une réserve de maîtresses.

Mais Stephen avait beau se répéter toutes ces choses raisonnables, il n'y croyait point. Il y avait en lui le parti pris de haïr le magnifique inconnu de Temple-Church, et les Ecossais sont presque aussi entêtés que les Gallois.

Le soir de ce troisième jour, il quitta sa mère

à la brune, et s'achemina vers Dudley-House, résolu à tenter de découvrir ce qu'il pouvait y avoir de commun entre le rêve de Perceval et sa préoccupation à lui.

Ce rapprochement étrange, cette rencontre du sommeil et de la veille pouvait n'être qu'un hasard. Mais...

Mais, en définitive, on expliquerait toutes choses avec ce mot : hasard ! Et toutes choses seraient assurément fort mal expliquées.

— Eh bien ! ami, s'écria Perceval dès que Stephen fut entré dans sa chambre, — quelles nouvelles aujourd'hui ?

— Aucune ! répondit tristement Stephen.

— Pauvre Mac-Nab! que je voudrais être debout pour vous aider dans vos recherches... Ah! chaque minute me montre plus grand le mal que m'a fait ce marquis de Rio-Santo!... Pensez-vous que je me puisse me lever demain, Stephen ?

Stephen lui tâta le pouls et l'examina.

— Peut-être, dit-il ensuite ; — vous êtes mieux Perceval ; on ne peut plus craindre de vous faire parler... et j'ai d'importantes questions à vous faire.

— Des questions ? répéta Frank étonné ; — je suis prêt à vous répondre... mais que pouvez-vous avoir à me demander qui nécessite un début si solennel ?

Stephen essaya de sourire.

— Mon Dieu! dit-il, ma tristesse déteint sur toutes mes paroles et sur toutes mes actions, Frank... mais ce que j'ai à vous demander n'est rien moins que solennel... Au contraire, il s'agit d'une circonstance futile et qui emprunte tout son intérêt à un souvenir terrible, l'assassinat de mon père,—qu'une rencontre récente est venu raviver en moi. Voici ce dont il s'agit, Perceval.

Stephen raconta ici en peu de mots ses sombres méditations, tandis qu'il veillait au chevet de son ami blessé. Il parla de sa jalousie, de l'inconnu de Temple-Church et de sa ressemblance avec l'assassin de son père.

— Quelque chose manquait à cette ressemblance, Frank, ajouta-t-il; quelque chose dont je ne pouvais me rendre compte... et c'est vous qui, en rêvant, avez mis fin à mes incertitudes.

— Comment cela? dit Frank.

— Je cherchais le trait, — la chose, — qui manquait à cet homme pour ressembler parfaitement au meurtrier... et vous avez prononcé le nom de la chose qui manquait...

— Ah!... fit insoucieusement Perceval.

— Vous avez dit : la cicatrice...

— La cicatrice!... répéta Frank, qui pâlit et se souleva à demi.

— Puis vous avez dépeint cette cicatrice...

— Ah ! fit encore Perceval, mais non plus cette fois avec insouciance ; — et, dites-moi, ai-je prononcé le nom du marquis de Rio-Santo ?

— Non, répondit Stephen qui, à son tour, s'étonna; — vous savez donc ce que je veux dire ?

Frank tourna la tête vers le portrait de miss Harriet Perceval qu'éclairaient confusément les derniers rayons du jour.

—Oui, Stephen, oh ! oui, murmura-t-il avec une douloureuse émotion ; — je sais ce que vous voulez dire... Pauvre sœur !... ce rêve me vient souvent... et c'est un horrible rêve !...

XVI

SUR LA GRAND'ROUTE.

Le regard que Frank Perceval avait jeté sur le portrait de sa sœur était si douloureux, ses dernières paroles étaient empreintes d'une tristesse si profonde, que Stephen garda un silence embarrassé, craignant d'avoir involontairement ravivé de cuisans souvenirs.

Il ne se trompait pas. Sa question venait de rouvrir une blessure plus cruelle que celle qu'avait faite l'épée du marquis de Rio-Santo.

Frank lui tendit la main et reprit :

—Vous êtes mon seul ami, Stephen, et je vous dois confiance... Mais il y a certaines douleurs qu'on recouvre d'un voile... certaines blessures qu'il ne faut point mettre à nu...

—Frank, interrompit Mac-Nab, excusez-moi, je vous en conjure, et ne dites pas un mot de plus.

— Je souffre bien, quand ce rêve envahit mon sommeil, reprit lentement Perceval qui sembla n'avoir point entendu l'interruption de Stephen; — pauvre Harriet!... elle était jeune... et belle... et heureuse, Stephen!... Approchez-vous de moi... plus près encore, je veux vous dire pourquoi est morte ma sœur Harriet... à vous seul, entendez-vous, Mac-Nab.

Il s'arrêta et parut un instant absorbé dans ses souvenirs. Stephen attendait.

— C'est un récit étrange! poursuivit Perceval, — étrange et tout plein d'aventures qui sembleraient être du domaine de l'imagination... Hélas! tout y est vrai, pourtant... tout n'y est que trop vrai!... Parfois, je doute, tant mes souvenirs ressemblent aux folles fantaisies d'un songe... Mais mon doute se brise contre le marbre d'une tombe, Mac-Nab...

C'était il y a deux ans. Harriet, recherchée en mariage par Henry Dutton, lord Sherborne, qu'elle aimait, voulut passer la fin de la saison auprès de notre mère, et nous partîmes pour l'Écosse dans les premiers jours de juillet.

Harriet était une noble enfant : nous nous aimions tous deux.—Vous le savez, Stephen ; car je vous parlais toujours d'elle autrefois, — nous nous aimions tous deux plus encore que ne s'aiment un frère et une sœur dans la vie commune. Aussi le voyage fut-il charmant et joyeux. Nous étions seuls dans une chaise bien attelée. Nous causions d'avenir, nous causions de nos amours, de lord Sherborne, de Mary Trevor... Oh! Stephen, le temps passait vite, et nous n'avions garde de maudire les mauvais chemins des comtés du nord.

Nous franchîmes la frontière. Il faisait un temps magnifique et, lorsque nous entrâmes dans Annan, dix heures du soir sonnaient au clocher de la vieille église.

—Allons jusqu'à Lochmaben, me dit Harriet.

Je faisais toujours avec plaisir ce qui semblait lui plaire, Stephen.

—Allons jusqu'à Lochmaben, répondis-je;

nous demanderons à coucher à M. Mac-Farlane, l'oncle de mon ami Mac-Nab.

Les chevaux de notre chaise furent changés et nous nous remîmes en route, conduits par un postillon écossais.

D'Annan à Lochmaben, vous savez cela mieux que moi, Stephen, puisque c'est votre ieu de naissance, la route passe incessamment au travers de paysages admirables. Nous regardions, ma sœur et moi, charmés de minute en minute, par des aspects nouveaux, sombres, gracieux ou grandioses, auxquels la blanche lumière de la lune prêtait de fantastiques séductions.

Mais nous avancions bien lentement, parce

que les belles routes sont rares dans les contrées pittoresques. — Ma montre disait minuit que nous étions encore à plusieurs lieues de Lochmaben.

Néanmoins, nous étions sans inquiétude aucune. Harriet s'applaudissait même de ce retard qui prolongeait les plaisirs de cette belle nuit.

Pauvre sœur, cette nuit vit son dernier sourire.

Je venais de replacer ma montre dans mon gousset, lorsque notre chaise heurta violemment contre un objet placé en travers de la route. Elle surmonta ce premier obstacle, grâce à l'élan des chevaux, mais ce fut pour retomber lourdement, désemparée, dans une tranchée qui, à vingt pas plus loin, coupait la largeur du chemin.

Ni Harriet ni moi ne fûmes blessés. Le postillon défila d'assez bonne grâce une kyrielle de jurons écossais, et maudit les agens voyers du gouvernement qui, sous prétexte de réparer les routes, creusent de véritables piéges où viennent se prendre les pauvres voyageurs.

Cette tranchée, Stephen, était en effet bien réellement un piége; mais j'ai tout lieu de croire qu'elle n'avait point été creusée par la main des agens du gouvernement. Quant au premier obstacle qui avait commencé le désarroi de notre équipage, c'était tout bonnement un tronc d'arbre, jeté à dessein en travers du chemin.

Nous descendîmes. Je fis asseoir sur le gazon Harriet, effrayée, et je voulus visiter la chaise. A mon avis, elle aurait pu marcher encore. Néanmoins, le postillon écossais nous déclara, en appuyant son dire de force sermens, que continuer le voyage ce serait exposer gratuitement notre vie.

Je n'avais nulle raison de me défier de cet homme, Stephen. Je le crus.

Les nuits sont fraîches de l'autre côté du Solway. Lorsque je revins vers Harriet, elle commençait à trembler de froid.

— Où passerons-nous la nuit, Frank? me demanda-t-elle.

C'était plus que je ne pouvais dire, et je renvoyai la question à notre postillon qui me répondit :

— Il y a bien le château du laird, de l'autre côté de la montée, Votre Honneur; mais du diable si Duncan de Leed se dérangerait à cette heure de nuit pour nous ouvrir !...

— Vous étiez si près que cela [de Crewe? interrompit ici Mac-Nab.

— Nous étions à un mille tout au plus du château de votre oncle, Stephen. Et encore, lorsque je dis un mille, c'est pour me conformer à la mesure de notre postillon, car je crois, moi, que nous en étions beaucoup plus près que cela.

— Poursuivez, dit Stephen. Je devinerai bien facilement par la suite de votre récit la place où s'arrêta votre chaise... Ne connais-je pas chaque pouce de terrain qui est entre Annan et Crewe?

Perceval reprit :

— Et n'y a-t-il aux environs que le château du laird? demandai-je au postillon?

J'ignorais alors que celui qu'on appelait le laird fût M. Mac-Farlane.

— Il y a bien encore la ferme de Leed, au

nord du château, répondit le postillon; mais autant aller jusqu'à Lochmaben!... Je ne vois guère que la maison de Randal...

— La maison de Randal Graham!... s'écria Stephen.

— Vous connaissez cette maison, Mac-Nab? demanda Frank.

— Si je connais cette maison!... Oh! oui, je la connais... C'est là que fût assassiné mon père...

— C'est là que fût déshonorée ma sœur! prononça Perceval d'une voix profonde et contenue.

Il y eut, entre les deux jeunes gens, un moment de silence douloureux. Frank s'était mis sur son séant et croisait ses deux mains sous sa couverture. Son noble visage pâli par la souffrance avait une expression d'austère tristesse.—Stephen appuyait sa tête sur sa main.

—C'est là une étrange coïncidence, dit enfin Perceval.

Puis il ajouta brusquement en levant les yeux sur son ami :

—Stephen, répondriez-vous de votre oncle Mac-Farlane ?

—Je ne vous comprends pas !... murmura le jeune médecin étonné.

—Vous avez foi en lui, je le vois, reprit

Frank... c'est bien... Je vous prie de ne me point demander compte de ma question avant la fin de mon récit... Je crois, j'espère, que quelque clarté pourra jaillir pour tous les deux de cet entretien ; car l'assassin de votre père, Stephen, doit être le bourreau de ma sœur.

— Je le crois comme vous, répliqua Stephen.

— La maison de Randal Graham, poursuivit Perceval, est, vous le savez, séparée de la route par un épais bouquet de chênes, et s'élève entre deux monticules boisés, sur la limite des ruines de l'ancienne abbaye de Sainte-Marie-de-Crewe... J'ignore, du reste, dans quelle position le château de votre oncle se trouve par rapport à la maison et aux ruines... jamais je ne suis revenu dans ce lieu funeste.

— Le château d'Angus Mac-Farlane, répondit Stephen, n'est autre chose que l'ancien corps de logis du couvent de Sainte-Marie. Il s'élève, au delà des ruines, à un demi-mille de la maison de Randal.

— Ah! fit Perceval, dont le front se plissa; — l'Ecossais m'avait menti... Et dites-moi, Stephen, savez-vous?... Mais vous étiez bien jeune quand vous avez quitté le comté de Dumfries...

— Je connaissais les ruines comme cette chambre, Frank, et je n'ai rien oublié.

— Eh bien! vous pourrez peut-être me répondre... N'entendîtes-vous parler jamais de souterrains... de passages communiquant, à travers les ruines, entre la maison de Randal et le château de Crewe?

— Jamais, répondit Stephen.

— Où communiquent-ils alors? murmura Frank, comme en se parlant à lui-même.

Il ajouta tout haut :

— Y-a-t-il donc, dans les environs, un autre château que celui de Crewe?

— Aucun, à plus de deux lieues à la ronde... Mais, qui vous a parlé de l'existence de ces souterrains?

— Je les ai traversés, répliqua Frank : — ils sont longs, et, dans leurs vastes détours, un homme peut aisément se perdre... Nous reviendrons sur ce sujet, Stephen. — Il était un peu plus de minuit lorsque nous arrivâmes au seuil de la maison de Randal. Ma sœur souffrait et avait peur par ces sauvages et sombres chemins que n'éclairait plus la lumière de la lune. Moi-même, je me sentais tourmenté d'une vague inquiétude.

Le postillon frappa. Presque aussitôt nous entendîmes battre le briquet à l'intérieur et une voix nous cria : — Qui vive?

— Bien votre serviteur, monsieur Smith, répondit le postillon. C'est un jeune lord et sa lady, dont la chaise s'est brisée au dessus du

Trou de Roos, — que le ciel confonde les gens du roi payés pour entretenir les bonnes routes d'Écosse! — brisée comme un verre, monsieur Smith.

— Et toi, qui es-tu? demanda la voix.

— Oh! moi, je suis le postillon Saunie, — Saunie d'Annan, — Saunie l'aboyeur, monsieur Smith.

La porte s'ouvrit. — M. Smith, personnage dont la figure se cachait presque entièrement sous un vaste garde-vue de soie verte, nous accueillit par un froid et cérémonieux salut.

— Monsieur, lui dis-je, veuillez accueillir tout d'abord nos remerciemens. Sans votre hospitalité...

— Jeune homme, interrompit M. Smith avec un son de voix cafard, — j'espère que ni vous ni la jeune dame n'êtes dans les lacs de la grande prostituée qui s'asseoit sur sept montagnes (1)?

— Nous ne sommes pas catholiques, monsieur.

— Dieu soit béni, jeune homme... Et j'espère que la jeune dame vous appartient chrétiennement, qu'elle est la chair de votre chair...

---

(1) Cette ambitieuse et absurde métaphore est restée dans le langage usuel des presbytériens d'Ecosse. Elle veut dire tout bonnement l'Eglise romaine.

—Cette jeune dame est ma sœur, répondis-je.

—Ah! fit M. Smith, qui, sous son garde-vue, me parut faire subir à la pauvre Harriet un minutieux examen ; — Maudlin !

— Qu'y a-t-il? cria de loin une voix flûtée.

—Faites préparer deux chambres séparées, dit M. Smith.

— Monsieur, voulus-je objecter, — ma sœur est faible et souffrante ; je désirerais ne point la quitter.

— Fi! jeune homme! fi!... La nuit est l'heure de puissance du démon tentateur... La nuit...

— Quoi! monsieur, m'écriai-je avec indignation et dégoût,—oseriez-vous supposer?...

—Le cœur humain, jeune homme, déclama M. Smith en nasillant, est un sépulcre blanchi... La chair est faible... et si vous ne voulez point vous conformer aux règles de ma maison, allez-vous-en coucher au clair de lune.

M. Smith salua gravement et se retira.

L'instant d'après, un valet apporta quelques rafraîchissemens, auxquels Saunie, notre postillon, fit le plus grand honneur. Harriet et moi, nous touchâmes à peine aux mets qui nous furent présentés.

— Quel est donc ce M. Smith? demandai-je à Saunie.

— Oh! s'écria-t-il la bouche pleine, — c'est ce gentleman qui vous a parlé tout à l'heure avec une visière verte sur le nez.

— J'entends bien, mon brave, mais quel homme est-ce?

— Quel homme c'est? répéta Saunie d'un air innocent; — oh! c'est un homme comme vous et comme moi, milord... Je vais me coucher... Soyez tranquille; demain, la chaise marchera tout aussi bien qu'il le faudra pour vos besoins.

Harriet et moi, nous suivîmes l'exemple

de Saunie et nous nous retirâmes dans nos chambres. Elles étaient contiguës et séparées seulement par une porte close, à travers laquelle nous aurions pu causer. — Je pensai, qu'au demeurant M. Smith aurait pu faire pis que cela.

J'entendis Harriet se mettre au lit et sa douce voix me cria bonsoir !

J'étais las. Je me jetai tout habillé sur ma couche et je m'endormis presque aussitôt ; — mais, vous savez, Stephen, de ce sommeil inquiet, léger, vivant, qui laisse aux organes la faculté de sentir.

Ce sommeil est perfide, mon Dieu ! on entend et l'on croit rêver...

Ce fut ce qui m'arriva. Ma fenêtre était restée par hasard ouverte. A peine avais-je fermé les yeux qu'un bruit de voix contenues vint tourner autour de mes oreilles. — Aujourd'hui que je me rends compte des événemens, je pense que ces voix venaient du dehors et qu'on causait sous ma fenêtre.

— Elle est belle, disait une voix que je crus reconnaître pour celle de M. Smith, bien qu'elle eût dépouillé son accent de cafardise puritaine.

— Oui, répondait une autre voix, mais ce n'est pas la jeune duchesse de ***, et du diable si c'est la peine de jeter des chênes en travers de la route pour si peu de chose!... C'est prendre un lapin dans un piége à loup, ma foi !

— Elle est belle, dit encore M. Smith, et Son Honneur est au château.

— Je sais bien... Son Honneur n'en fera qu'une bouchée ; — mais il devait y avoir cinq mille livres et des bijoux dans la chaise de Leurs Grâces, le duc et la duchesse de ***, tandis que dans la chaise de ceux-ci nous n'avons rien trouvé du tout... On ne creuse pas des tranchées pour cela, major, que diable !

— Eh ! Paulus, mon ami, le chêne et la tranchée ne seront pas perdus, — bien que, après tout, le chêne soit trop mince et la tranchée mal faite, puisque la chaise de ce jeune sot est en parfait état; — Leurs Grâces y viendront à leur tour.

— Je ferai donner un coup de pioche à la tranchée, grommela Paulus.

— Moi, je vais m'occuper de la jeune dame, dit Smith, — ou le major; — Son Honneur aura là un dessert de son goût...

Stephen, j'entendais tout cela, tout et parfaitement. Pas un mot ne m'échappait. — Mais j'avais un voile sur l'intelligence et je croyais rêver... Cela vous est arrivé, sans doute. Je croyais rêver, et pourtant je raisonnais vaguement ; je me disais que ce rêve était évidemment produit par l'impression défavorable qu'avait faite sur moi M. Smith.

Cette lueur indécise qui éclaire l'esprit en ces momens, Stephen, sert à enraciner l'erreur; de telle sorte que l'action des objets extérieurs, les sons, les odeurs et jusque aux attouchemens se combinent d'eux-mêmes avec cet état de demi-somnambulisme et viennent en aide au sommeil.

Je n'entendis plus rien, et je m'endormis réellement en murmurant :

— Ce que c'est que les rêves !... Je gage que celui-ci va revenir.

Il revint, Stephen ; ou plutôt le drame affreux dont je venais d'entendre la première scène se poursuivit près de moi.

Et mon oreille continua de saisir les sons avec une netteté singulière. Mais le sommeil de mon intelligence faussait les perceptions de mes organes éveillés.

J'entendis un bruit sourd dans la direction de la chambre d'Harriet, puis des cris étouffés, — des plaintes, — puis le silence se fit.

Toujours le rêve.

Nul bruit ne se faisait plus ouïr lorsque je fus éveillé en sursaut par un de ces chocs électriques qui viennent parfois secouer le sommeil. — On croit tomber en un précipice,

trébucher au bord d'un gouffre, que sais-je ?...
Je sautai sur le parquet.

Toutes ces choses que j'avais entendues pendant mon sommeil revinrent à mon esprit et le remplirent d'une vague épouvante. Je ne croyais point encore à leur réalité, mais sait-on, par le trouble des nuits, le chemin que suit la peur pour entrer dans notre âme ?

Je m'approchai doucement de la porte d'Harriet, je mis mon oreille à la serrure. — Rien !

Qu'attendais-je ? qu'aurais-je voulu entendre ? rien. Harriet dormait, sans doute. — Et cependant ce silence me fit frissonner.

—Harriet ! prononçai-je doucement.

Rien encore.

—Harriet ! Harriet ! m'écriai-je.

Toujours le même silence.

Alors ma tête et mon cœur s'emplirent de navrantes appréhensions. J'entrevis la vérité. Ce que j'avais pris pour un rêve s'était réellement passé auprès de moi.

Je criai, je frappai furieusement la porte à l'aide de mes poings fermés. — Nulle voix ne me répondit.

— L'ont-ils assassinée ? me demandai-je, tandis qu'une sueur froide inondait mon front.

Je saisis la barre de fer de la fenêtre et, m'en servant comme d'un levier, je jetai la porte d'Harriet en dedans. — La lune, pénétrant à travers une croisée sans rideaux, inondait la chambre de ses rayons.

Le lit de ma sœur était vide.

XVII

ROMAN.

On avait enlevé Hariet, poursuivit Perceval; ces plaintes que j'avais entendues dans mon sommeil, c'étaient les cris de détresse de ma pauvre sœur.

Je m'élançai vers le lit vide, et je mis ma main entre les couvertures qui étaient chaudes encore.

Les ravisseurs ne pouvaient être loin; mais de quel côté diriger mes recherches?

La chambre où avait couché Harriet avait trois portes; l'une d'elle donnait sur ma propre chambre, la seconde, que je l'avais entendue fermer elle-même à double tour, était restée dans le même état; la troisième enfin ouvrait son étroit battant au pied du lit, vis-à-vis de la fenêtre...

Stephen mit sa main sur le bras de Perceval.

— Je connais cette chambre, dit-il, qui fut

aussi funeste pour moi que pour vous, Frank... C'est par cette petite porte, percée au pied du lit, que je vis s'introduire une fois deux hommes, dont l'un portait un masque sur son visage... l'autre tenait en main un flambeau... Mon père dormait dans le lit où dormit plus tard votre malheureuse sœur... Mais continuez votre récit, Perceval, j'écoute.

Stephen tremblait en prononçant ces paroles. — Frank et lui étaient là en face l'un de l'autre, pâles tous deux et tous deux sous le coup de la même émotion, poignante et profonde. Il semblait que cette étrange coïncidence, qui rattachait au même lieu les souvenirs de leurs malheurs, les rapprochât en ce moment et serrât davantage la chaîne de leur mutuel dévoûment; mais il semblait aussi que cette circonstance mît une teinte plus lugubre sur la tristesse de chacun d'eux et assombrît davantage leur passé, en condensant sur un seul point deux catastrophes terribles, en additionnant deux douleurs.

— On m'a conté autrefois l'assassinat de M. Mac-Nab, Stephen, reprit Perceval, mais on me l'a conté vaguement... Vous m'en direz les détails... Peut-être, pour ces deux crimes, commis au même lieu, n'y a-t-il qu'un seul coupable... Et je vous aime assez, Mac-Nab, pour vous donner partage en ma vengeance.

— Et vous êtes le seul homme au monde, Frank, répondit Stephen en lui serrant la main avec force, avec qui je puisse consentir à mettre en commun ma haine pour l'assassin de mon père... Que fîtes-vous après la disparition de votre sœur ?

— Je demeurai un instant comme anéanti. Mes deux mains serrèrent convulsivement mon cerveau qui refusait de penser. Mon œil hagard et troublé parcourait la chambre en tous sens et croyait apercevoir l'image d'Harriet... Ce qui arrivait me semblait être impossible. Je me disais que nos lois ont purgé depuis long-temps les Trois-Royaumes de ces repaires de bandits dont l'audace effrayait nos pères... Je me disais... Puis l'évidence, l'évidence inexorable étouffait ce doute bienfaisant.

Un instant j'allai jusqu'à espérer que j'étais fou.

J'étais assis sur le pied du lit. Ce moment de trouble infini qui me rendait incapable de toute détermination dura environ une minute.

Au bout de ce temps, le besoin d'agir secoua ma torpeur; je me levai d'un bond et, sans réfléchir, je me jetai à corps perdu dans l'espace sombre qui se trouvait au delà de la petite porte ouverte.

En un autre moment, je me serais tué sans doute, car la porte donnait sur un escalier de granit, dont les degrés hauts, étroits, usés, descendaient à une grande profondeur.

— Ah!... dit Stephen, comme s'il se fût attendu à une autre conclusion.

Puis il ajouta presque aussitôt :

— Ceci est étrange, Perceval. Derrière la porte dont vous parlez, je n'ai jamais vu, moi, qu'un mur de pierre.

— Je vous dis ce qui m'arriva, Stephen... et ce n'est pas la première fois du reste qu'on me parle de ce mur de pierre... mais il y a dans mon récit des choses plus étranges encore. Attendez pour vous étonner.

Je m'étais élancé sans me douter le moins du monde de l'existence de cet escalier. A peine avais-je passé le seuil, que le sol se déroba brusquement sous moi... Cet escalier dont je vous parle touche littéralement le seuil, Stephen.

—Entre le mur que j'ai vu, vu de mes yeux, Frank, répondit Mac-Nab, — mur tout rongé de mousse et qui semble aussi vieux que le monde, entre le mur et le seuil, il y a la place de deux hommes... Et je pense que c'était là que s'étaient cachés les meurtriers de mon père.

—Dieu sait que je n'ai pu me tromper, reprit Perceval, et chacune des circonstances de cet horrible nuit est gravée en traits de sang dans ma mémoire. — Je me laissai aller, mon élan m'emportait. Lancé ainsi sur cette pente raide et touchant à peine du pied, en passant, quelques degrés au hasard, je vins tomber sur la terre humide d'un souterrain, où je demeurai comme foudroyé durant quelques secondes.

Mais je n'étais qu'étourdi. L'instant d'après je me relevai sans blessure.

Une nuit complète m'entourait. —Au dessus de ma tête, à une très grande hauteur, apparaissait une faible lueur, reflet égaré des rayons de la lune qui passait par la petite porte que je venais de franchir.

Un instant j'eus la pensée de remonter les degrés descendus, car comment croire que la voie où le hasard m'avait engagé me conduirait vers ma pauvre Harriet! Cette cave était peut-être sans issue. Je n'avais nulle idée de sa forme, nul soupçon de son étendue.

L'obscurité s'étendait de toutes parts comme un voile opaque autour de moi.

Mais, au moment où je remettais le pied sur la première marche de l'escalier, un mouvement irréfléchi me porta une dernière fois à me retourner pour essayer encore de percer le mur de ténèbres où j'étais emprisonné.

Je vis un spectacle étrange, à la réalité duquel ma raison se refusa de croire tout d'abord. Je fermai les yeux pour échapper à la fantastique apparition qui venait de frapper ma vue, et qui, pour être bizarre jusqu'à l'impossible, m'affermissait dans l'idée que ma pauvre tête se perdait.

Mais quand je rouvris les yeux, je vis encore, je distinguai parfaitement, et, au lieu de remonter, je m'enfonçai aussitôt dans l'ombre du souterrain.

A une distance énorme, Stephen, distance dont je ne puis avoir une idée positivement exacte, mais qui rapetissait les objets au point de prêter à un homme la taille d'une poupée, je venais d'apercevoir une vive lueur, et autour de cette lueur, distincts et vivement éclairés, quatre ou cinq personnages qui marchaient, groupés, portant au milieu d'eux un un objet de couleur blanche.

— Ma sœur! ma pauvre sœur! m'écriai-je.

Car, dès ce moment, je devinai, je sentis que l'objet blanc porté par ces hommes que la distance qui nous séparait me montrait comme autant de nains, était ma sœur, — ou le cadavre de ma sœur.

Dès lors, plus d'irrésolution. Il fallait les suivre quoi qu'il pût en résulter, les atteindre à tout prix.

La soudaineté de l'apparition à une telle distance prouvait que la route à suivre n'était point directe. Il n'y avait pas deux manières d'expliquer ce fait. J'étais dans des galeries souterraines d'une étendue extraordinaire. La maison de Randal s'élevait sur l'une des extrémités de ces galeries, l'autre aboutissait, Dieu savait où. Le groupe, composé de cinq hommes et de ma sœur Harriet, cheminait dans les galeries à la vive lueur des tor-

ches. Moi, je n'avais rien pour me diriger. —
Celui qui conduisait le groupe connaissait sa
route ; moi, je l'ignorais complétement.

Mais qu'importait tout cela !

Une seule notion existait en moi : la certitude qu'il y avait des dangers à éviter, puisque la petite caravane n'avait point suivi la ligne droite, et s'était montrée à moi tout à coup au détour d'une galerie dont la paroi m'avait caché jusque alors l'éclat des torches.

Vous sentez, Stephen, combien cette notion était vaine, puisqu'elle me disait le péril sans m'apprendre les moyens de l'éviter.

Ma boussole était le groupe et ses torches. J'apercevais toujours, en effet, la nocturne caravane, comme on voit les passans du haut de la lanterne de Saint-Paul lorsqu'on applique à son œil le gros bout de la longue-vue.

Certes, il y avait peu d'espoir.

Je pris ma course, néanmoins, les bras en avant, afin de ne me point briser du premier coup le crâne contre quelque saillie des parois inconnues du souterrain. Le sol de la galerie allait en descendant. Ma marche était rapide. En peu de temps, je crus m'apercevoir que les hommes marchant devant moi grossissaient sensiblement à l'œil.

Mon courage redoubla.

Mais à mesure que j'avançais, un bruit lointain et qui d'abord n'avait été qu'un sourd murmure arrivait plus distinct à mon oreille.

C'était quelque chose comme le bruit d'une chute d'eau tombant d'une considérable hauteur...

— Le torrent de Blackflood! murmura Stephen.

— Je pensais que vous ne connaissiez point ces galeries, Mac-Nab? dit Perceval qui regarda fixement son ami.

Stephen sourit avec amertume.

—Frank, dit-il, nous n'avons en ce monde vous que moi, moi que vous pour ami... Ne nous défions pas l'un de l'autre... Je crois deviner que vous soupçonnez mon oncle Mac-Farlane : je n'ai nulle raison pour être de votre avis, car je respecte et j'aime le père de ma pauvre Clary.—Mais je ne le soutiendrais pas au prix d'un mensonge.

— Pardonnez-moi, Stephen, balbutia Perceval, honteux, mais trop loyal pour dissimuler après coup un involontaire mouvement de doute.

Stephen lui tendit la main.

— Je ne connais pas les souterrains dont vous parlez, poursuivit-il ; jamais je n'eus la moindre nouvelle de leur existence, et je crois pouvoir affirmer qu'ils sont ignorés dans le pays.— Mais, leur existence admise, — et je ne doute jamais de ce que vous avancez, Perceval, — s'ils sont traversés par un courant d'eau, ce doit être nécessairement le torrent de Blackflood, qui disparaît en effet brusquement sous la roche de Traqhair, au sud des ruines de Sainte-Marie-de-Crewe.

— Pardonnez-moi, Stephen, dit encore une fois, Perceval; — quant aux soupçons que je puis avoir sur M. Mac-Farlane, je vous en ferai juge...

Je fus long-temps avant d'atteindre l'endroit dont je vous ai parlé. Le sol du souterrain descendait toujours, par une pente peu sensible à la vérité, mais continue. A mesure que j'avançais, je sentais sous mes pas un terrain plus gras et plus glissant.

Bientôt un air humide vint frapper mon visage. Le fracas de la chute redoublait. Il n'y avait plus à s'y tromper.

Quelques pas encore et je vis une nappe blanche trancher parmi l'obscurité. C'était l'écume de la chute.

J'avançais toujours, malgré la pluie fine et froide qui commençait à me fouetter le visage. — J'avançai jusqu'à ce que mes pieds touchassent l'écume phosphorescente du petit lac, creusé par le poids des eaux du torrent de Blackflood, comme vous l'appelez.

Evidemment ce lac et cette chute étaient cause du détour pris par les gens que je poursuivais, détour qui m'avait caché d'abord la lumière de leurs torches. Mais quelle était cette route de traverse! où la prendre?

J'allai à droite, j'allai à gauche et des deux côtés ; je trouvai, au bout de quelque pas, la paroi pleine et suintante du souterrain, qui était fort étroit en ce lieu.

Puis je revins vers la nappe d'écume, Stephen, et donnant mon âme à Dieu, je me plongeai dans le torrent.

Ce fut un rude travail.—Le courant m'emporta d'abord avec une force irrésistible; mais je fis des efforts désespérés, parce que je connaissais le peu de largeur de la galerie et que je redoutais, par dessus tout, d'aborder au loin, dans quelque autre boyau souterrain où ma course s'égarerait sans utilité pour ma sœur.

Heureusement le courant donnait surtout à l'endroit d'où j'étais parti. Après une douzaine de brasses, je me trouvai dans des eaux plus tranquilles. — Et il était temps, Stephen, car je voyais déjà un mur noir s'interposer entre mon œil et la moitié du groupe, point lumineux qui me servait toujours de boussole. — Si j'eusse dérivé de la moitié de la largeur de mon corps, j'aurais perdu ma route.

Je touchai le bord opposé juste à l'angle de ce mur noir qui n'était autre chose que la paroi de la galerie, — et je repris ma course.

Le sol montait de ce côté comme il descendait de l'autre. Je courais de toute ma force afin de garder la chaleur à mes membres transis, auxquels se collait le drap alourdi de mon costume de voyage. — Le groupe devenait plus distinct; j'approchais : je le gagnais...

Le groupe s'arrêta tout-à-coup. J'étais alors assez proche pour distinguer au devant de lui une porte percée dans le mur du souterrain. — La porte s'ouvrit. — Les torches disparurent.

Oh! Stephen, ce coup auquel je devais m'attendre, me terrassa. — J'eus l'imprudence de faire plusieurs tours sur moi-même pour chercher au loin une lueur, quelque chose qui pût me guider ; je ne vis rien, et, quand je m'arrêtai, impossible de me rendre compte de la direction à suivre ! Les torches avaient disparu : de quel côté ? Je ne m'en souvenais plus. — Le bruit de la chute se faisait entendre encore; mais, mille fois brisé par les voûtes inégales du souterrain, il arrivait à mon oreille comme un sourd murmure, résonnant à droite aussi bien qu'à gauche, en arrière aussi bien qu'en avant.

J'étais perdu.

Je me laissai tomber sur mes genoux, sans force désormais et sans courage. Je me plaignais comme un enfant; je pleurais comme une femme, et le blasphème, compagnon de toute faiblesse, se pressait sur ma lèvre...

Mais Dieu avait marqué cette nuit pour porter au comble mon martyre, et j'eusse été trop heureux de mourir, perdu dans la nuit de ces immenses galeries.

Au moment où mon désespoir me clouait, inerte, au sol humide du souterrain, j'entendis retentir au loin le pas lourd d'un homme, et une voix s'éleva, qui chantait des couplets campagnards.

Je me glissai hors de la voie et me tins debout contre le mur de la galerie. L'homme passa, chantant toujours. — Je pense que c'était Saunie, notre postillon, — je le suivis.

Saunie n'avait point de torche, mais il chantait et d'ailleurs le bruit de son pas pesant eût suffi pour me guider.

Nous marchâmes quelques minutes encore. — J'estime avoir été en tout une demi-heure dans le souterrain. — Au bout de ce temps, j'entendis une porte tourner en grinçant sur ses gonds rouillés, et le bruit des pas de Saunie cessa tout-à-coup.

Je me trouvais seul encore et sans guide. Mais j'étais bien près du but, et quelque chose me semblait luire faiblement en avant de moi.

C'est ici, Stephen, que je pus juger, ou plutôt conjecturer l'immense étendue de ce souterrain. La lueur que j'entrevoyais venait du dehors. C'était le reflet d'un reflet, car les rayons de la lune ne pouvaient pénétrer jusqu'en bas. Cette lueur frappait sur un pan de muraille maçonnée où se trouvait précisément la porte par où Saunie, et avant lui sans doute les gens qui enlevaient ma sœur, avaient disparu.

De l'endroit où j'étais encore, je ne pouvais voir d'où venait la lueur; mais, en arrivant auprès de la porte, j'aperçus à une grande hauteur un trou qui me montra le ciel étoilé.

A mes côtés, les murs de la galerie cessaient. Je me trouvais dans une sorte de demi-rond-point dont les aboutissans s'éclairaient vaguement à la lueur qui descendait du trou. —C'étaient douze ou quinze galeries semblables à celle que je venais de quitter.

Aussi larges et sans doute aussi longues.

On pourrait errer bien des jours, si la mort ne se mettait pas en travers du chemin, dans ce ténébreux labyrinthe, Stephen !...

D'en bas, à cette distance, le trou me semblait être recouvert d'une dentelle. Il doit y avoir une grille de fer sur son orifice, qui est comme le soupirail de ces gigantesques caves.

Mais vous le connaissez sans doute, Stephen, car il doit se montrer au ras du sol.

Mac-Nab hésita.

— Il y a, dit-il enfin, le *Greedy-Hole* (le trou gourmand), où l'ancien laird de Crewe fit, selon la chronique, jeter mille tombereaux de terre sans pouvoir le combler... J'y ai moi-même laissé tomber souvent de gros cailloux sans entendre jamais le bruit de leur chute.

— Et où est situé ce trou ? demanda Perceval.

— A cinquante pas en avant du perron de Crewe, répondit le jeune médecin.

— De sorte que j'étais sous la cour du château, reprit lentement Perceval ; — de sorte que l'espace compris au delà de la porte doit être sous le château lui-même.

— Je le pense ainsi, murmura Stephen ; qu'y a-t-il donc au delà de cette porte ?

— Il y a long-temps que je vous aurais confié cette lugubre histoire, ami, reprit Frank au lieu de répondre, si je n'avais au fond du cœur un soupçon terrible et que vient confirmer fatalement depuis une heure chacune de vos paroles.

Ne m'interrompez pas. J'ai l'intention de ne vous rien cacher.

Toutes ces choses, le rond-point, le soupirail, les galeries, n'attirèrent que bien faiblement mon attention. Je n'étais pas là pour réfléchir ou regarder.

Je poussai la porte qui s'ouvrit d'elle-même et se referma sur moi.

Un bruit confus de chants et de rires vint frapper mon oreille.

En tâtonnant dans l'obscurité, je rencontrai une autre porte qui céda comme la première.

— Un cri de stupéfaction s'échappa de ma poitrine et je fermai les yeux, blessés par l'éclat éblouissant de mille bougies dont la lumière se mirait aux facettes d'innombrables cristaux, et s'épandait en gerbes étincelantes, dont les feux croisés aveuglaient le regard.

XVIII

ORGIE.

L'endroit où je me trouvais ainsi introduit à l'improviste, continua Frank Perceval, était une vaste salle voûtée, dont l'éclairage splendide me frappa surtout à cause de l'obscurité profonde où je tâtonnais naguère.

La salle avait la forme d'une nef, et je pense qu'elle avait dû servir de chapelle catholique, soit au temps des premières persécutions subies par les chrétiens dans nos îles, soit à l'époque des persécutions plus modernes qu'amena la réforme après soi. Ses murs, formés d'énormes pierres humides, renvoyaient en ternes reflets l'éblouissante lumière des lustres.

Au bout de la nef, à la place où se trouve d'ordinaire le maître-autel d'une église, une estrade s'élevait sur laquelle des musiciens, vêtus de costumes éclatans et d'une magnificence théâtrale, composaient un orchestre complet.

Au centre était une vaste table, couverte

de flacons et de mets recherchés, autour de laquelle s'asseyaient quarante ou cinquante moines, couverts de la robe austère des disciples de Saint-François. Tous avaient de longues barbes qui cachaient les trois quarts de leurs visages.

A côté de chacun de ces faux moines, il y avait une femme, belle et magnifiquement parée, les seins nus, la chevelure au vent et parsemée de diamans ou de fleurs.

Ces hommes et ces femmes buvaient en riant follement. L'antique chapelle s'emplissait des bruits insensés de l'orgie. — C'étaient des rires sans fin, de bruyans baisers, des chants, des blasphèmes.

Il y avait quelque chose de sinistre et d'impie dans la profanation d'un habit sacré, qui n'est plus pour nous, protestans, qu'un vieux souvenir, il est vrai, mais qu'il faut au moins respecter ou couvrir du voile de l'oubli, comme tout ce qui est mort...

C'était une insulte odieuse à ces voûtes catholiques, un outrage sans excuse et sans nom.

Ces femmes demi-nues dont la blanche peau ressortait sur la sombre bure des robes religieuses, ces brûlans sourires sous ces froides voûtes, ces chants joyeux dans ce tombeau, tout cela me frappa d'un saisissement étrange. Je crus au diable, au sabbat, à l'enfer...

Cette joie n'était point la joie des hommes.

— C'était une allégresse sauvage et sacrilége, soufflant par impétueuses bouffées, puis s'éteignant tout-à-coup en un mortel silence.— Puis encore les femmes souriaient, les instrumens chantaient et les verres emplis se choquaient.

Je ne vis pas cela tout de suite. Mon premier regard n'aperçut que lumière, lumière éblouissante et prodiguée à l'infini. Pendant que j'avais les yeux fermés pour me soustraire à l'éclat blessant de tous ces feux qui miroitaient, étincelans devant moi, j'entendis une clameur tonnante et je me sentis saisir par deux bras puissans dont l'étreinte me réduisit tout d'un coup à l'impuissance la plus complète.

L'instant d'après on me jetait, garrotté solidement, sur une pile de coussins entassés contre le mur de la chapelle.

C'est alors seulement, Stephen, que je pus voir les détails de cette incroyable fête.

S'il faut le dire, dans le premier moment ma surprise et ma curiosité furent excitées à un tel point, que je perdis le sentiment de mon malheur. Ma conscience se faussa ; j'oubliai ma situation désespérée et, durant une minute, je crus assister à la plus bizarre de toutes les représentations théâtrales.

On ne s'occupait de moi en aucune façon. La clameur qu'avait soulevée mon apparition soudaine s'était éteinte en un éclat de rire ;

le moine qui venait de me terrasser avait repris sa place. — Je ne l'aurais pas su distinguer au milieu de ses compagnons.

Et l'orgie continuait.

Mon œil cependant glissait curieusement de l'un à l'autre de ces bandits déguisés en religieux. Il y avait parmi eux, Stephen, je vous le jure, des physionomies énergiques et distinguées au plus haut degré. Il y avait des yeux expressifs, des fronts blancs et penseurs, de fins sourires. — Et, par un singulier jeu du hasard, plusieurs de ces figures ne me semblèrent point inconnues. Je crus avoir rencontré déjà plusieurs d'entre elles sur mon chemin.

Où?—Stephen, il faut mettre cela peut-être sur le compte de mon trouble, mais je ne pouvais placer ces visages que dans les salons de la haute aristocratie, et ma mémoire s'obstinait à isoler leurs traits de cette barbe envahissante, leurs tailles de ces frocs empruntés, pour se les représenter revêtus du costume fashionable de nos soirées de Londres...

C'étaient là de bien frivoles pensées dans un moment si terrible, n'est-ce pas? Je le confesse, ami, et je m'étonne de les avoir eues; mais elles s'imposaient à moi malgré moi...

Depuis, j'ai rarement mis le pied dans les salons de notre fashion. Pendant la première année qui suivit cette nuit fatale, je me tins à l'écart ; mon cœur était en deuil. Pendant toute la seconde, j'ai voyagé loin de l'Angleterre.

Mais une fois, — la seule fois, je pense, où je me sois trouvé dans un raout depuis lors, — il y a de cela un peu plus d'un an, je me trouvai face à face, dans les salons du duc de Buccleugh, avec un homme dont le regard me fit tressaillir. J'aurais juré que cet homme était un des faux moines du souterrain de Sainte-Marie-de-Crewe...

— Eh bien? dit Stephen.

— Eh bien! reprit Frank, — cet homme était l'un des officiers les plus distingués de de notre armée, le colonel sir George Montalt.

Et dimanche encore, après un an d'absence, au bal de lord James Trevor, n'ai-je pas cru reconnaître dans ce marquis de Rio-Santo...

Mais vous ne me comprendriez pas maintenant, Stephen, et je continue mon récit.

Presque toutes les femmes qui s'asseyaient à ce banquet nocturne étaient admirablement belles. C'étaient en outre de ces créatures dressées aux labeurs du mal, qui savent l'orgie, et que l'ivresse n'abat point. Leur nombre dépassait quelque peu celui des hommes. Elles tâchaient à l'envi l'une de l'autre à se faire plus charmantes; leurs poses s'abandonnaient, lascives et molles; leurs sourires chatoyaient;

leurs bouches demi-closes quêtaient l'amour, et mille voluptueuses promesses couvaient sous le feu voilé de leurs yeux alanguis.

Parfois, le fracas général se taisait ; l'orchestre disait doucement quelque chanson suave, et l'on n'entendait plus qu'un murmure. La débauche changeait d'aspect. Cinquante tête-à-tête chuchottaient autour de l'immense table : çà et là un bras blanc se pendait au fauve collet d'une pélerine de bure, et une bouche rose se cachait, avide, sous la noire toison d'une barbe de moine.

Et tout cela, Stephen, je vous le dis encore, sous des flots de lumière, entre les murs humides d'une vieille chapelle, dont les parois crevassées gardaient quelques lambeaux de fresques saintes, — sur un sol tout pavé de tombeaux!

Mon œil avait fait à peu près la moitié du tour de la table, lorsqu'il s'arrêta sur un personnage dont le grand air et l'évidente supériorité captivèrent aussitôt exclusivement mon attention. Cet homme semblait être le roi de ce peuple ténébreux, l'abbé de ce sacrilége monastère. Son siége, placé au centre de la table, était plus large et plus élevé que celui des autres convives. Il avait la forme d'un trône.

Jamais je ne vis rien d'aussi beau que cet homme, Stephen. Il portait une sorte de simarre de soie d'une couleur éclatante, dont les plis amples se drapaient avec majesté. Son visage, comme celui de ses compagnons, était en partie caché par une longue barbe : la sienne était noire, et descendait en flots abondans jusque sur sa poitrine. Ce qu'on voyait de ces traits allait bien avec cette austère parure. Ses yeux, doux, penseurs, impérieux, terribles tour-à-tour, avaient réellement une puissance surhumaine. Son front était calme t jeune, parmi ces fronts bronzés ou rougis, et quand il souriait, tout semblait s'éclairer autour de lui.

Malgré le sans-gêne de l'orgie, les convives témoignaient à cet homme un respect extraordinaire. Chacun s'inclinait en lui parlant et l'assemblée entière se levait pour porter sa santé. Vers lui se dirigeaient les plus doux sourires de toutes ces belles femmes, et dans ces sourires, convergeant vers un but unique, il y avait quelque chose de craintivement adorateur. — Ainsi doivent faire, Stephen, les almées du harem, se disputant un regard du sultan.

On appelait cet homme *Son Honneur*.

Il répondait aux hommages de tous avec ce laisser-aller royal, apanage naturel du pouvoir absolu. Son sourire était courtois mais fier, et sa condescendance se mélangeait de hauteur.

Auprès de cet homme, sur le même siége et enlacée dans ses bras, il y avait une femme dont la toilette contrastait étrangement avec les toilettes environnantes. Dans ses longs cheveux blonds épars, il n'y avait ni perles ni diamans, ni fleurs. A ses blanches épaules ne se rattachait point le corsage plissé d'une robe de satin ou de velours. Elle était vêtue d'un peignoir de toile, garni d'une ruche de mousseline.

Il semblait qu'elle eût quitté sa couche à la hâte pour venir s'asseoir à la fête et présider l'orgie.

Je ne voyais point son visage. Elle me tournait le dos et appuyait paresseusement sa tête sur l'épaule de Son Honneur, qui élevait de temps en temps un verre de cristal taillé jusqu'à sa lèvre. — Et cette femme buvait.

À la vue de cette blonde enfant, Stephen, une douleur aiguë m'avait pris au cœur. Mon sang s'était figé dans mes veines, sous l'étreinte d'une indicible épouvante. — Car dans cette bacchante demi-nue qui trempait sa lèvre au verre d'un bandit et s'abandonnait à ses publiques caresses, j'avais cru reconnaître ma sœur...

— Oh! fit Stephen avec reproche.

— N'est-ce pas que c'était une folle pensée? s'écria Frank dont l'œil grand ouvert brilla d'un fiévreux éclat tout-à-coup ; n'est-ce pas que c'était une insulte amère à l'angélique pureté de ma pauvre Harriet?... un inexcusable outrage au noble sang de Perceval?... une folie, une faiblesse, une lâcheté?...

— C'était au moins une idée que votre trouble seul pouvait enfanter, Perceval, dit Stephen.

— Oh ! oui... mon trouble était grand... mon angoisse aussi... et l'idée était folle... folle et lâche !...

Je la rejetai de toute ma force, je fermai les yeux pour les rouvrir, pour regarder encore et regarder mieux.

C'étaient bien ses beaux cheveux blonds, mon Dieu ! et la gracieuse courbure de ses épaules...

Et puis, ce peignoir de nuit !... ma sœur n'avait-elle pas été arrachée à son sommeil ?

— Ah ! Frank !... interrompit Stephen.

— Merci... merci, Mac-Nab ! prononça péniblement Perceval en serrant la main de son ami ; — vous êtes un généreux garçon et je vous aime... Oh ! vous défendriez Harriet, vous, contre quiconque oserait l'accuser d'avoir mis son front de vierge sur l'épaule d'un brigand, n'est-ce pas ?...

— Mais vous délirez, ami, s'écria Stephen. Sur l'honneur, je la défendrais, moi qui l'ai connue... Mais quelle bouche assez lâche s'ouvrirait pour l'accuser ?

Frank haletait ; ses yeux s'égaraient.

— La bouche qui s'ouvrirait pour cela, Stephen, prononça-t-il tout bas et avec un calme effrayant, — se refermerait pour toujours... car moi seul ai le droit d'accuser la fille de Perceval !

Stephen fut frappé de stupeur et garda le silence.

Frank reprit :

— C'était une torture affreuse que la mienne. J'étais là cloué, à ma place, ne pouvant ni agir ni même changer en certitude le doute qui m'accablait. La jeune fille me tournait toujours le dos, et bien que mes yeux avides ne la quittassent pas d'une seconde, je ne pus réussir une seule fois à entrevoir son visage.

Tout le reste avait disparu pour moi. Il n'y avait plus dans cette foule que la jeune fille et l'homme que l'on appelait *Son Honneur*.

Eux semblaient avoir fait comme moi : ils s'étaient isolés. L'homme à la simarre de soie tenait la jeune fille embrassée, lui souriait passionnément, et l'attirait sur son cœur.

La jeune fille répondait à ses caresses.

Et il y avait dans leurs gestes à tous deux un amour qui était bien loin de ressembler à cette lascive pantomime qui faisait le tour de la table. Le beau moine avait des façons délicates et courtoises; la jeune fille gardait de la candeur jusqu'en son abandon.

Oh ! Stephen, que je l'eusse mieux aimée comme les autres, voluptueuse avec habitude et savoir, expériente des finesses de la débauche !...

Dites-moi, pensez-vous qu'une pauvre enfant, violemment arrachée à sa couche et transportée par des souterrains immenses, inconnus, à la rouge lueur des torches, dans les bras d'hommes à l'effrayant aspect, puisse perdre tout d'un coup la raison et tomber en proie à la plus complète démence ?

A cette brusque question, Stephen, qui ne comprenait que trop, mais voulait obstinément ne point comprendre, interrogea Frank du regard.

— N'êtes-vous pas assez habile pour me dire cela, monsieur? ajouta durement Perceval.

— Sans doute, répondit enfin Stephen; — l'effroi, la stupeur... on a vu des exemples..

Frank l'interrompit d'un geste, et pressa son front entre ses deux mains.

— Excusez-moi, Mac-Nab, dit-il ensuite; — ce souvenir me fait délirer... Et d'ailleurs, qu'ai-je besoin d'avoir l'avis de la science?... Elle ne connaissait point cet homme; si beau qu'il fût, la fascination n'avait pu opérer en une demi-heure...

— C'était donc elle ? murmura Stephen.

Frank bondit sous ses couvertures.

— Elle ! qui ? s'écria-t-il ; — prétendez-vous parler d'Harriet Perceval, monsieur ?

Un éclair de fureur brilla dans son œil, et il se dressa sur son séant en face de Mac-Nab étonné.

Mais sa colère tomba comme elle était venue, et il dit encore, tandis qu'une larme roulait lentement sur sa joue pâlie :

—Excusez-moi, Stephen.—Vous êtes bon; vous ne m'en voudrez pas... Cette scène affreuse est là, devant mes yeux... Je vois cet homme, et je la vois aussi, la pauvre fille...

Mon Dieu, je l'aimais tant !...

Pourquoi vous le cacher encore ? c'était elle ! c'était ma douce Harriet, ma sœur bien aimée, ma petite sœur, qui était pure comme les anges, Stephen !

Frank sanglotait.

— Et figurez-vous cela, reprit-il d'une voix que ses larmes rendaient presque inintelligible ; — c'était déchirant !... Vous pleurez, vous aussi !... Mon Dieu ! j'ai vu cela sans mourir !... Harriet, la malheureuse enfant, mettait ses bras autour du cou de cet homme qu'elle prenait pour Henry Dutton, son fiancé !... Elle se croyait sans doute à la fête des épousailles et voulait cacher dans le sein de son amant sa pudique rougeur de mariée...

Elle eût été si heureuse avec Henry, qui est un noble cœur !

Oh ! Stephen, comment s'étonner que le réveil l'ait tuée après ce songe horrible !...

Mais vous ne savez pas tout. — Et c'est assez pleurer, car elle n'est pas vengée.

XIX

SABBAT.

Frank Perceval interrompit un instant son récit. La douleur, évoquée, était venue trop violente pour son état de faiblesse, et il n'avait pu supporter le choc de ses souvenirs tout-à-coup ravivés.

Il reprit au bout de quelques instans :

— On semblait oublier ma présence et nul ne faisait attention à moi. Le festin nocturne suivait son cours. L'ivresse de chacun s'exaltait, et le bruit montait de temps à autre jusqu'à couvrir complétement les accords de l'orchestre.

Son Honneur s'animait lui-même de plus en plus. Le verre de cristal passait incessamment de sa lèvre aux lèvres de la jeune fille, dont les traits demeuraient toujours invisibles pour moi.

Il la regardait, Stephen, avec des yeux où s'allumait la flamme d'un désir qui grandissait sans cesse et s'exaltait jusqu'à la passion. —

Moi, je tremblais sur la couche où l'on m'avait jeté.

Je me souviendrai toujours de cet instant d'angoisse suprême où le voile tomba, découvrant dans sa chute la poignante réalité. Ce fut une souffrance sans égale, mon Dieu! et moi qui, en ce moment, crains de voir s'évanouir ce qui me reste d'espoir de bonheur en ce monde, j'affirme que nul coup ne pourra jamais me briser si cruellement le cœur.

Nous sommes une illustre maison, Stephen, et une maison orgueilleuse. L'inflexible honneur des races chevaleresques me fut inoculé dès le berceau, et la honte est plus dure à qui fut élevé dans des pensées d'orgueil.

Et puis, et surtout, si vous saviez, je l'aimais tant!..

Ce fut dans l'un de ces instans de silence qui passaient à travers le fracas de la fête comme des *accalmies* parmi l'orage.

L'orchestre lui-même se taisait.

Je vis la jeune fille, dont pas un des mouvemens ne m'échappait, lever le verre à la hauteur de ses lèvres, et presque aussitôt une douce voix vint à moi, qui disait :

— Henry, mon cher lord, je bois à vous !

C'était la voix d'Harriet.

Je poussai un cri terrible, et je m'agitai en

efforts désespérés pour rompre mes liens. Cette voix me disait tout, — tout ce que je viens de vous dire, Stephen, — sa présence au bord de l'abîme et sa folie qui lui faisait prendre l'abîme pour un lit de fleurs.

Mes cris furent couverts par le choc des verres et l'éclat des toasts. Le mot d'Harriet avait été un signal.

Cependant, comme je continuais, m'épuisant à faire arriver ma voix jusqu'à ma sœur, un des convives se leva et me fouetta en riant le visage avec sa serviette.

Une convulsion de rage me donna la force de rompre un de mes liens, et je roulai à quelques pas des coussins.

— Voilà un diable de garçon ! dit le moine ; — comme il hurle !... Je pense que le plus convenable est de le bâillonner.

— Non, oh ! non, m'écriai-je en suppliant ; — laissez-moi, par pitié !... Si ma sœur entend ma voix, elle reviendra peut-être à elle-même.

— Hé ! hé !... grommela le moine ; — la chose est pardieu possible !... Et ce ne serait pas le compte de Son Honneur !...

Ce disant, il roula sa serviette, que mes efforts impuissans ne purent l'empêcher de nouer solidement sur ma bouche.

J'essayais encore de crier. — Mais le misérable savait son métier : j'étais bâillonné.

Il me rejeta sur mes coussins, où je demeurai comme une masse inerte.

Les autres convives n'avaient point daigné se retourner.

— Milords et gentlemen, dit en ce moment l'un des faux moines que je reconnus aussitôt pour être M. Smith, le maître de la maison de Randal,—nous attendions ce soir une assez jolie capture, et puisque nous nous séparons demain, il est probable que le jeune duc de *** et sa lady passeront sans encombre sous le château.... Mais à cela ne tienne, puisque nous avons fait une autre capture qui paraît être du goût de Son Honneur !

Un hurrah général accueillit ce discours.

On but; le *speech* (1) commença.

Les harangues étaient faites dans une sorte d'argot dont le sens m'échappait le plus souvent; néanmoins, je comprenais quelques phrases çà et là, et ces phrases suffirent pour me convaincre que j'avais devant les yeux une partie des membres les plus notables d'une association organisée pour le vol, la rapine et le meurtre, sans doute.

---

(1) *The speech*, la harangue, ou plutôt, pour exprimer mieux l'idée au prix d'un barbarisme manifeste, *la harangation.* — Dans tous les repas anglais, que ce soit un festin ou une orgie, le *speech* trouve inévitablement sa place. C'est un ingénieux moyen de faire la part de l'ennui. — On harangue le maître de la maison, qui harangue ses convives, lesquels se haranguent entre eux. — Plus d'un honnête homme aimerait mieux dormir ou boxer, mais c'est la coutume; et, d'ailleurs, l'un n'empêche pas l'autre.

Son Honneur était le chef suprême de cette association, dont le siége permanent était à Londres, mais qui se ramifiait jusqu'à l'étranger, et dont les souterrains de Sainte-Marie-de-Crewe étaient tout à la fois le lieu de refuge en cas de danger et la *maison de plaisance*.

— Et n'avez-vous point essayé de mettre les magistrats sur la trace de cette redoutable bande? interrompit ici Stephen.

— Ami, répondit Perceval, je l'ai essayé; mais M. Mac-Farlane est juge de paix du comté de Dumfries... Il a été chargé de l'enquête, et, par deux fois, l'affaire s'est étouffée entre ses mains.

Stephen se repentit peut-être de son interruption. Il garda un silence embarrassé.

— Son Honneur, reprit Frank, d'après ce que je crus entendre, était à l'étranger depuis plusieurs années et ne faisait que de courtes apparitions en Angleterre. Mais cet état de choses aller cesser, et l'année suivante, Son Honneur devait revenir habiter Londres, afin de mettre à exécution un gigantesque plan de déprédation.

De sorte que cet homme doit être maintenant ici, ajouta Perceval en fronçant le sourcil tout-à-coup.

Stephen tendit curieusement l'oreille, mais

Frank ne donna point de conclusion à cette brusque sortie.

— Il me sembla, poursuivit-il, que certains orateurs faisaient allusion, dans leur *speech*, à des plans combinés long-temps à l'avance, et l'on but avec enthousiasme à la santé d'un certain Saunders l'Éléphant qui devait, à lui seul, remplir d'or toutes les caisses de la compagnie.

Ce nom de Saunders et celui de Fergus furent les seuls qu'on prononça en ma présence.

Le repas auquel j'assistais était au reste le dernier qu'on dût faire en Écosse. Les associés allaient se disperser, emportant les instructions qui avaient été discutées à loisir dans ce ténébreux congrès.

Ces choses, Stephen vous paraîtront peut-être impossibles, incroyables. — Hélas ! pussé-je croire que tout cela n'est qu'un songe ! pussé-je n'avoir point par devers moi une preuve accablante de la réalité de mes souvenirs !... Mais à quiconque voudrait douter, ami, je montrerais une tombe...

Son Honneur avait répondu brièvement et avec une singulière autorité de paroles aux diverses harangues des orateurs. Il semblait être fortement fatigué de leur éloquence, et se retournait sans cesse vers Harriet, comme s'il eût fait un crime à ses subordonnés de lui voler ainsi quelques instans de son bonheur.

A la fin du dernier discours, il se leva et salua l'assemblée avec une royale courtoisie.

— Milords et gentlemen, dit-il en souriant, il y a temps pour tout. Nous avons délibéré toute la semaine, et discuté, et combiné... Maintenant, réjouissons-nous!

Ce fut un tonnerre d'applaudissemens à ébranler les voûtes dix fois séculaires de l'antique chapelle.

— Fergus! Fergus pour toujours! criait-on avec frénésie.

En même temps, sur un geste de Son Honneur, l'orchestre se réveilla. Tous les instrumens qui le composaient éclatèrent à la fois, et la nef se remplit d'une brillante et vive harmonie.

Quelques couples se levèrent. — Un mouvement de valse succéda au prélude. — Au bout de cinq minutes, la moitié des convives tourbillonnait autour de la table.

Au bout de cinq autres minutes, il ne restait plus sur les siéges que le chef de la bande et ma pauvre sœur.

Le reste, emporté par un mouvement de valse accéléré sans cesse, tournoyait, tournoyait en un cercle sans fin. — Mon œil se fatiguait à les suivre... — Immobile, je sentais tour-à-tour sur mon visage le vent parfumé des robes de velours et le frôlement rugueux des frocs de bure.

Et la danse allait, pressant à chaque tour sa rotation rapide. — Les femmes pâlissaient ; les yeux des hommes devenaient de feu.

Son Honneur tenait toujours enlacée dans ses bras la jeune fille au peignoir blanc. Leurs bouches se touchaient; ils se parlaient tout bas, — et ma pauvre sœur abusée semblait bien heureuse.

Au moment où la valse atteignait le paroxisme de son étourdissante vitesse, le chef se pencha sur la main de ma sœur et y mit un baiser, puis, serrant autour de ses reins la ceinture de sa simarre, il enleva la pauvre fille dans ses bras vigoureux et descendit le marchepied de son trône.

L'orchestre ralentit aussitôt son mouvement pour jouer une de ces indolentes valses d'Allemagne dont les notes se balancent paresseusement et bercent l'âme tout comme les rêveuses élégies des poètes germaniques.

Ce fut alors seulement que je pus voir le visage de ma sœur. Car c'était bien elle, Stephen !... Oh ! mon désespoir ne m'avait point trompé...

Elle souriait, la pauvre insensée, heureuse de danser son bal de fiançailles ; elle souriait, et son sourire me déchirait le cœur.

Son Honneur l'entraîna, docile, et se mêla au mouvement des valseurs. — Peu à peu les rangs s'éclaircirent autour d'eux. Les autres valseurs, fatigués ou voulant voir, se rangèrent en galerie.

Bientôt Harriet et son cavalier restèrent seuls. — Je la vois encore, Stephen, passant auprès de moi, souriante et heureuse, auprès de moi qui gisais, terrassé, garrotté, privé de la parole... Je vois encore le gracieux balancement de sa taille souple, qui s'abandonnait, confiante, au bras robuste de cet homme...

Oh! cet homme!... je le hais! je le hais, Stephen!

Un murmure admirateur les suivait, car ils étaient beaux tous deux.

Harriet, cependant, perdait le souffle.—Elle appuya languissamment son front pâli sur l'épaule de Son Honneur, qui s'arrêta aussitôt pour la déposer, demi-pâmée, sur un large divan qui occupait le haut bout de la table.

L'orchestre continuait de chanter en sourdine le motif de la valse allemande.

Son Honneur se laissa tomber sur le divan auprès d'Harriet. C'était un signal. Un bruit strident se fit tout en haut de la voûte et les mille bougies s'éteignirent à la fois.

Tout demeura plongé dans une nuit profonde. — L'orchestre se tut.

Les cordes qui me liaient m'entrèrent dans

la chair, tant fut désespéré l'effort que je tentai pour secourir ma sœur dans ce moment suprême. Mais tout fut inutile. Je retombai vaincu, muet, anéanti.

Dieu me prit en pitié. Je perdis connaissance.

— Pauvre ami ! murmura Stephen qui pressait douloureusement la main de Perceval entre les siennes.

Celui-ci était depuis quelques secondes dans un état de morne insensibilité. La voix de Mac-Nab le fit tressaillir.

— Où en étais-je ? demanda-t-il brusquement ; — car il faut en finir avec ce cruel récit, Mac-Nab... Vous ai-je dit qu'après cette valse maudite le moine s'était assis près de ma sœur, et que les bougies, éteintes par un souffle d'enfer?... Oui! j'ai dû vous dire cela, car vous me plaignez trop pour ne pas savoir tout mon malheur... Monsieur, il s'agit ici d'une fille de Perceval... sur votre salut, jurez-moi que vous garderez mon secret!

— Oh! Frank!... s'écria Stephen, avez-vous donc besoin de mon serment?

— Non! répondit Frank avec égarement; — vous ai-je demandé un serment à vous, Stephen?... Non... il faut avoir pitié de moi... Écoutez! je crois que j'aimais ma sœur davantage encore que Mary... Mary, mon seul amour désormais... Oh! je le crois!

— J'ignore combien de temps dura mon évanouissement, ajouta-t-il presque aussitôt. Quand je repris mes sens, l'obscurité durait encore et un profond silence régnait dans la salle.

Au bout d'une heure environ, j'entendis du bruit dans la direction des galeries où j'avais erré durant la nuit. La porte par où j'étais entré s'ouvrit et plusieurs hommes entrèrent, tenant en main des torches allumées.

Leur lumière éclaira vivement les suites de l'orgie : moines et femmes dormaient pêle-mêle.

Mais ce ne fut point là ce que chercha mon regard. —Mes yeux se portèrent tout de suite avidement vers le divan où le chef s'était assis auprès de ma sœur.

Ma sœur était étendue sur les coussins : elle sommeillait. — Quant au moine, debout, les bras croisés sur sa poitrine, il semblait absorbé dans de profondes méditations.

La lumière des torches le tira de sa rêverie. Son premier regard fut pour ma sœur, qu'il contempla un instant avec compassion et amour.

Il se pencha et lui mit un baiser au front. Puis, se dépouillant de sa simarre de soie, il l'en couvrit comme d'un voile.

Y avait-il donc quelque délicatesse au fond du cœur de cet homme, Stephen ?

Cela fait, il s'avança jusqu'au milieu des dormeurs et cria d'une voix tonnante :

— Debout, gentlemen! debout!

Les hommes se levèrent; les femmes disparurent comme par enchantement.

La vieille nef avait complétement changé d'aspect. Eclairée maintenant, non plus par le candide éclat des bougies, mais par la lueur fumeuse et empourprée des torches, elle apparaissait rendue à sa vraie physionomie, vaste, sombre, mystérieuse. La table couverte de mets était tout ce qui restait de l'orgie de la veille. Les musiciens avaient suivi les femmes, et il n'y avait plus dans la chapelle que les moines rassemblés en cercle autour de Son Honneur.

— Milords et gentlemen, dit-il, voici venu l'instant de la séparation... Je suis satisfait de vos œuvres... Quant à moi, j'ai bien des choses à faire encore sur le continent; mais une année me suffira pour cela, je pense... Dans un an, je reviendrai vers vous, avec quelques bons et fidèles amis... Jusque-là, ayez toujours présentes mes instructions; n'oubliez rien et obéissez.

Les moines s'inclinèrent à la ronde.

— Tout est-il prêt? demanda Son Honneur à l'un des porteurs de torche.

— Les voitures attendent sous le château, répondit celui-ci.

— Allons, messieurs, bonne chance et au revoir!

Il se fit un mouvement général vers la porte; mais, en ce moment, l'un des moines se dirigea vers le chef et me désigna du doigt en disant:

— Que faut-il faire de cela?

Son Honneur laissa tomber sur moi son regard.

— Le frère de cette pauvre fille!... murmura-t-il.

— Faut-il?... poursuivit le moine dont un geste expressif acheva la pensée.

— Fi! docteur, fi!... A quoi bon ce meurtre inutile?

— Non pas inutile, milord, répondit le docteur en élevant la voix, et si nous consultions nos frères...

C'était évidemment un appel. Les moines se rapprochèrent.

— Docteur, répondit le chef en redressant sa haute taille, il ne me plaît pas que vous discutiez avec moi... Retirez-vous, messieurs.

— Mais cet homme peut nous perdre! s'écria le *docteur*.

— C'est vrai! c'est vrai! murmura-t-on dans la foule.

Son Honneur réprima un geste de violent courroux.

— Milords et gentlemen, dit-il, vous savez que notre retraite est introuvable... A l'heure qu'il est, l'issue qui a donné entrée à ce jeune homme n'existe plus... et puis, se souviendrait-il des mille détours des galeries ?...

— Il est bien venu une fois !... interrompit une voix dans la foule.

— Empêchez qu'on m'interrompe, je vous prie, messieurs !... Je vous demande la vie de ce jeune homme.

Un murmure courut dans la foule.

— J'aime cette jeune fille, qui est sa sœur,

reprit le chef ; — que cette nuit ne soit pour elle qu'un souvenir d'amour...

Le murmure grossit.

— Qu'il n'y ait point auprès de mon image une pensée de deuil en sa mémoire.

— De par le diable ! milord, s'écria une rude voix, mettez-vous de pareilles fadaises en balance avec notre sûreté ?...

Vous ne vîtes jamais, Stephen, de transformation plus soudaine et plus terrible que celle qui s'opéra dans la calme et fière physionomie de Son Honneur. Ses yeux lancèrent un brûlant éclair, tandis que les muscles de sa face tressaillaient violemment. Son front s'empourpra tout-à-coup et, parmi la couche de sang qui le rougissait uniformément, la ligne blanche d'une cicatrice se montra, si nette et si tranchée, qu'on l'aurait crue tracée au pinceau...

— Du sourcil gauche à la naissance des cheveux?... interrompit Stephen.

— C'est vrai ! dit Frank; — vous vous souvenez de mon rêve?...

— Je me souviens de ce que j'ai vu, Perceval ! répondit lentement Stephen ; — je me souviens de l'assassin de mon père... Oh ! c'est lui ! c'est bien lui !

II

PACTE ENTRE DEUX HAINES.

— Ecoutez, Frank, écoutez à votre tour, poursuivit Stephen ; car il faut que de tout cela il ressorte pour nous une certitude... Vous continuerez après votre récit... Oh !

croyez-moi, c'est lui, c'est le même homme qui, à douze années de distance, a mis le deuil dans nos familles... On ne peut pas s'y tromper, voyez-vous; à part ce signe dont la main de Dieu a marqué son front pour le désigner à notre vengeance, c'est bien le même orgueil étrange au milieu de la honte, la même fierté parmi le crime, le même audacieux courage au sein de la bassesse.

J'étais bien enfant. Mon lit était placé à un angle de cette chambre de la maison de Randal où coucha votre malheureuse sœur, dans ce même lit où mon père, étendu, dormait, la nuit dont je vous ai parlé.

La porte par où vous descendîtes dans le

souterrain s'ouvrit. Deux hommes masqués parurent.

L'un d'eux déposa sur une table le flambeau qu'il tenait à la main, et vint me mettre un mouchoir sur la bouche. En même temps il se plaça entre moi et le lit, de manière à m'empêcher de voir. Mais il ne s'y prit point adroitement, et mon regard put se glisser entre son bras et son flanc. Je vis tout.

L'autre homme, le plus grand, avait à la main deux poignards; il s'avança tout droit vers le lit de mon père et l'appela tout haut par son nom. Mon père s'éveilla en sursaut. A la vue de cet étranger debout à son chevet, il poussa un cri.

— Silence, Mac-Nab, silence ! dit l'homme masqué, c'est moi !

— O'Breane ! murmura mon père en courbant la tête ; je m'y attendais !... Je jouais ma vie ; j'ai perdu !...

— Pas encore, Mac-Nab !... Debout !... Tu sais bien que je n'assassine pas, moi !... Debout, te dis-je ! j'ai apporté deux poignards !

Mon père se leva lentement. Ma terreur était à son comble, mais je regardais toujours.

Quand mon père fut debout, celui qu'il nommait O'Breane lui tendit un des poignards. Mon père le prit et se mit en garde.

Le combat fut silencieux et court. Mon père tomba au bout de quelques secondes.

— Dans une heure je serais vengé! murmura-t-il.

O'Breane s'était penché pour frapper. En se relevant, son masque se détacha. Je vis son visage pendant une seconde, Frank... je vis son front rougi par l'ardeur de la lutte, et au milieu de son front une cicatrice blanche en tout semblable à celle que vous avez décrite.

— L'enfant vous a vu, milord, s'écria l'homme qui me tenait.

En même temps il leva sur moi son couteau;

mais O'Breane, qui avait remis son masque, lui arracha l'arme des mains et se pencha sur mon berceau.

— Pauvre enfant! murmura-t-il d'une voix douce et pleine de pitié; Dieu sait que j'aurais voulu épargner ton père... Mais il était sur mon chemin... et il faut que je marche!

Il ouvrit la fenêtre. — Son compagnon et lui sautèrent dans la campagne.

A mes cris, la maison fut bientôt sur pied, et presque aussitôt des soldats arrivèrent de Dumfries. Ils avaient été appelés par mon père.

J'indiquai la petite porte. On l'ouvrit. Derrière était ce mur dont je vous ai parlé, Perceval; mur massif, inébranlable, sans ouverture aucune, et dont la construction remonte évidemment à plusieurs siècles.

— C'est étrange, murmura Frank ; et cette circonstance, dont je serai forcé de reparler encore à la fin de mon récit, n'est pas un des moindres mystères de ce lieu funeste, Stephen... Mais nous tâcherions vainement de le comprendre, et d'ailleurs, il y a en tout ceci quelque chose de plus étrange encore... Votre histoire ne ressemble pas seulement à la mienne, Mac-Nab, elle ressemble aussi à l'histoire de lady Ophelia...

— Quoi!... voulut s'écrier Stephen.

— Le secret de la comtesse de Derby ne m'appartient pas, interrompit Frank, et il ne m'est permis de m'en servir que d'une certaine façon et vis-à-vis de certaines personnes... Mais j'ai du moins le droit de m'en servir vis-à-vis de moi-même, et cette révélation, qui concorde avec vos paroles, qui concorde avec mes souvenirs, éclaire mes doutes au point de les changer presque en certitude.

Stephen, je crois savoir le nom de l'homme masqué qui mit à mort votre père, et le nom du brigand qui déshonora ma sœur...

Coïncidence extraordinaire ! comme si tout entre nous deux devait être semblable, il vous sauva la vie dans la maison de Randal ; et à moi, il me sauva la vie dans la chapelle.

Peut-être même m'a-t-il épargné une fois de plus que vous...

Mais le bienfait est trop mince pour couvrir l'offense.

— Ne me direz-vous point son nom ? demanda Stephen.

— Ami, répondit Perceval, je vous dirai son nom... Mais écoutez ce qui advint de ma sœur.

La colère subite de leur chef fit sur les faux moines un effet magique. Ils se reculèrent terrifiés, laissant entre eux et lui un large espace vide. Moi, je le regardais avec un étonnement où il y avait de l'admiration, et je ne pouvais m'empêcher de comparer cette superbe puissance, tournée vers le mal, à la puissance déchue de l'archange traître à Dieu.

Les murmures avaient cessé. Un silence profond régnait dans la chapelle.

— Ce jeune homme vivra, dit Son Honneur en contenant sa voix qui voulait éclater. — Je le veux !

Personne n'osa répondre.

Le beau visage de Son Honneur, sans perdre son expression de hauteur inflexible et dominatrice, était redevenu calme. Ses noirs sourcils traçaient sur son front, pâle maintenant, une ligne ferme et pure dans sa hardiesse. La cicatrice avait disparu.

— Milords et gentlemen, reprit-il, je ne vous retiens pas... Vous pouvez vous retirer.

L'assemblée entière s'inclina respectueusement et en silence. L'instant d'après il ne restait plus dans la chapelle, avec le chef, qu'un seul moine qu'il avait arrêté d'un geste.

— Docteur, lui dit-il, versez quelques gouttes d'opium sur les lèvres de cette pauvre fille qui dort là sous ma robe... C'est une belle et douce enfant... Elle doit être bien aimée, — et je voudrais... Mais c'est folie de regretter le passé, docteur.

Le moine avait pris dans un petit nécessaire qu'il portait sur soi une fiole dont il mouilla les lèvres de ma sœur.

— Et ce gentleman? demanda-t-il.

— Il faut que ce jeune homme s'endorme aussi, docteur.

— S'il refuse de boire?

— Essayez.

Le docteur, dont la barbe postiche était un véritable masque, disposé de manière à cacher presque entièrement son visage, s'avança vers moi et détacha mon bâillon.

Son Honneur se promenait lentement le long de la table.

Je respirai avec effort.

— Voulez-vous boire? me dit le docteur.

Je saisis la fiole et je bus.

— Qui que vous soyez, m'écriai-je ensuite en m'adressant au chef, je vous proclame un lâche et un misérable... Je prends la vie que vous me donnez, mais c'est pour me venger... Oh! vous n'êtes pas si bien masqué que je ne puisse vous reconnaître...

— Vous l'entendez, milord? dit le docteur.

— Je l'entends, monsieur; mais ceux qui ont voulu se venger de moi sont morts...

Il s'approcha de ma couche à son tour et me regarda en face.

— Moi aussi, je vous reconnaîtrai, murmura-t-il — et, s'il se peut, je vous épargnerai.

Si cet homme est celui que je crois, Stephen, il a tenu sa promesse ; car, lundi dernier, ma vie était entre ses mains.

Stephen croyait bien comprendre, mais il voulait une certitude.

— Lundi dernier ? répéta-t-il.

Frank montra sa blessure.

— C'est lui qui a fait cela, murmura-t-il.

— Rio-Santo ! s'écria Mac-Nab ; je m'y attendais presque !... Mais je ne l'ai jamais vu, moi, cet homme, et je ne puis savoir... Oh ! il faut que je le trouve ! car vous ne savez pas, Perceval, vous ne savez pas jusqu'où le hasard a poussé la parité de nos malheurs à tous deux... vous ne savez pas jusqu'à quel point notre haine a mêmes motifs et même mesure... vous ne connaissez que la ressemblance de nos griefs passés... Eh bien! le présent aussi nous rapproche! cet homme qui se met entre vous et miss Trevor, c'est lui qui me ferme le cœur de Clary...

— Se peut-il!... interrompit Frank.

— C'est lui que Clary aime de cette tendresse inconcevable, dont la source est un mystère comme tout ce qui entoure cet homme!... c'est lui qui l'a enlevée, peut-être...

Stephen raconta ici en détail la scène de Temple-Church; et, à la description qu'il fit du beau rêveur, Frank ne put méconnaître le marquis de Rio-Santo.

— Oui, dit-il après un silence, vous avez des droits égaux aux miens, et Dieu veut que nous nous vengions ensemble...

Et cette ressemblance que vous avez trouvée entre l'homme de Temple-Church et l'assassin de votre père est une preuve de plus ajoutée à tant d'autres preuves; car c'est sans nous être concertés que nous l'avons reconnu tous les deux.

Stephen se leva et se dirigea vers la porte.

— Où allez-vous? lui demanda Frank.

— Je vais me battre avec le marquis de Rio-Santo, répondit le jeune médecin, que la colère mettait hors de son sang-froid naturel, peut-être serai-je plus heureux que vous, Perceval... sinon... vous aurez à venger un frère avec votre sœur... Adieu!

— Restez! s'écria Frank avec reproche; voulez-vous donc profiter de ma blessure ?... Ah! Stephen!... voici la première fois que je vous trouve égoïste et injuste!

Stephen revint vers le lit et pressa entre ses mains la main de Perceval.

— Pardon, murmura-t-il, mais c'est que je n'ai point de nouvelles de Clary, Frank...

Celui-ci rejeta ses couvertures et mit ses deux pieds sur le tapis d'un geste si rapide, que Stephen ne put songer à le prévenir.

— Voyez, ami, voyez! je suis fort déjà, et je ne vous ferai pas long-temps attendre... Oh! ma pauvre Harriet! ajouta-t-il en étendant ses mains jointes vers le portrait de sa sœur, vous êtes au ciel où l'on pardonne... mais sur terre, on se venge... Oh! vous aimiez l'honneur, Harriet, et vous étiez d'Écosse... Jusque sous l'œil de Dieu, vous sourirez au châtiment de cet homme.

Comme elle était belle, n'est-ce pas, Stephen? Avez-vous vu parfois tant de sereine candeur jointe à cette couronne de douce mélancolie qui descend sur son front de vierge, comme un présage de mort précoce?... On dit dans nos montagnes, vous savez, que ces fronts célestes font envie aux anges et appellent le trépas...

Mon Dieu ! que je l'ai pleurée !

Quelques mots achèveront mon récit, Mac-Nab, reprit-il en faisant violence à sa voix qu'étouffait une soudaine bouffée de douleur ; — le chef et celui qu'il appelait le docteur se retirèrent. Je demeurai seul avec Harriet endormie.

On m'avait enlevé une partie de mes liens. Je me traînai jusque auprès de ma sœur et je soulevai le voile de soie qui la recouvrait.

Elle souriait tendrement, et, dans son rêve, elle prononçait le nom aimé d'Henry Dutton.

Pauvre sœur !

Je m'assis auprès d'elle. Le sommeil me gagnait. Je me sentis perdre connaissance au moment où je mettais un baiser sur son front.

Combien de temps restai-je sous le coup du narcotique, je ne saurais le dire au juste, mais il y a loin de Crewe à Dudley-Castle, qui est entre Peebles et Middleton. Il fallut sans doute plus d'un jour pour franchir cette distance, par les routes défoncées de l'Ecosse du sud. Et pourtant, lorsque je m'éveillai, Stephen, je me trouvai en vue du château de ma mère. Le soleil se levait derrière les rians coteaux de Lauder. Nous étions, ma sœur et moi, dans notre chaise de voyage. Harriet dormait toujours.

La chaise était dételée ; chevaux et postillon avaient disparu.

Je gagnai la grille du parc et j'appelai. Ma sœur fut transportée à la maison.

Elle s'éveilla. Son premier regard fut pour moi.

— Frank, dit-elle, je me souviens... je sais... Il faudra que je meure.

Depuis ce jour, Stephen, je n'entendis jamais ma pauvre Harriet prononcer une parole. Elle s'éteignit lentement, entre ma mère et moi, tuée par la conscience de sa honte. Parfois, tant que durèrent les beaux jours, elle allait s'asseoir dans le parc sous un chêne. Les heures passaient ; elle demeurait immobile. Ma mère la suivait en pleurant ; elle se mourait à la voir ainsi mourir.

Quand vint l'automne, ses forces l'abandonnèrent. Elle ne pouvait plus aller au parc. Le souffle lui manquait.

Un soir, elle nous appela du geste, ma mère et moi, auprès de sa chaise longue. Nous nous assîmes à ses côtés. Elle mit ses mains dans les nôtres et se prit à sourire pour la première fois depuis six mois.

Puis elle leva ses grands yeux bleus vers le ciel.

Ma mère se laissa tomber sur ses genoux et pria. — Stephen, Harriet était morte !

Je n'avais pas attendu ce moment pour faire des démarches auprès de la justice, et le lendemain même de mon arrivée à Dudley-Castle, j'avais écrit à votre oncle, M. Mac-Farlane, en sa qualité de magistrat du comté de Dumfries, une lettre précise, détaillée, où toute la partie de notre mystérieuse aventure qui n'avait point trait directement à l'honneur du nom de Perceval, était mise au jour.

Votre oncle, Stephen, me répondit une lettre que j'ai le droit d'appeler évasive, pour ne la point qualifier plus sévèrement, où il se défendait d'ouvrir une enquête sur un fait aussi étrange, romanesque, impossible...

J'insistai d'une façon pressante et péremptoire.

L'enquête eut lieu. Elle s'ouvrit et se termina dans la maison de Randal Graham, entre les murs de cette chambre où avait couché ma sœur. L'acte fut clos séance tenante, parce que, dès les premières lignes, ma déclaration fut jugée erronée.

En effet, l'escalier que je désignais comme m'ayant servi à descendre dans les souterrains n'existait pas. A sa place, derrière la porte, s'élevait un mur de pierres d'une incontestable antiquité.

Quant aux souterrains eux-mêmes, vingt témoins déclarèrent qu'ils n'en avaient jamais entendu parler.

— J'aurais fait comme ces témoins, Frank, dit Stephen.

— Je vous crois, Mac-Nab ; peut-être suis-je injuste envers M. Mac-Farlane... Et pourtant cette chapelle maudite se trouve juste au dessous de son château de Crewe !... Mais il n'est pas temps pour nous d'éclaircir cette affaire, et nous avons autre chose à penser qu'à deviner des énigmes... Votre dessein est-il toujours de vous battre contre le marquis de Rio-Santo ?

— Non, répondit Stephen.

Frank eut un mouvement de joie.

— Et moi, demanda-t-il vivement, pensez-vous que je sois bientôt de force à recommencer ?

— Vous, Perceval? dit froidement Stephen;
— pas plus que moi, vous ne croiserez le fer désormais avec cet homme... L'épée n'est une arme, ami, que contre un bras loyal... Avec M. le marquis de Rio-Santo il faut d'autres moyens... Ne devinez-vous pas maintenant que cette scène diabolique jouée à votre chevet pour tromper James Trevor est une invention de Sa Seigneurie?

— Vous penseriez?... commença Frank.

— Je pense autre chose encore, s'écria Stephen. Un doute que j'avais dû repousser devient pour moi une certitude... Reconnaîtriez-vous ce moine qu'on appelait le *Docteur* dans les souterrains de Crewe?

— Je ne sais... pourquoi cela?

— Mon imagination va trop vite, murmura Stephen au lieu de répondre, et je ne puis croire, après tout, que le docteur Moore... un de nos premiers praticiens... s'en aille boire et danser avec des bandits sous les ruines de Sainte-Marie... Mais la tentative d'assassinat n'en reste pas moins constante... Et pourquoi le docteur Moore aurait-il voulu vous assassiner, Frank? ajouta le médecin en s'adressant tout-à-coup à Perceval.

— Vous m'avez parlé de cela, Stephen; mais le marquis de Rio-Santo, qui venait d'épargner ma vie...

— Oh! tout grand acteur, interrompit

Mac-Nab, a des délicatesses infinies dans son jeu... Le marquis est un grand acteur, je pense... C'est, en tout cas, un ennemi redoutable, parce que toute arme lui est bonne.

— Nous n'avons contre lui que de la haine et des soupçons, dit Frank.

— Beaucoup de haine et de terribles soupçons, Perceval!... Donnez-moi votre main... le pouls est bon... Vous seriez en état de commencer dès ce soir la bataille!...

— Expliquez-vous, Stephen.

— Je vais sonner Jack... Il est sept heures et demie... Nous serons dans Regent-Street à huit heures...

Jack parut sur le seuil.

— Habillez votre maître, lui dit Stephen.

Frank, étonné, se laissa faire. Il n'éprouvait d'autres ressentimens de sa blessure qu'une faiblesse assez grande.

Quand le vieux valet lui eût passé son habit, Stephen reprit :

— Faites approcher une voiture, Jack.

— Me direz-vous, enfin, quel est votre projet, Mac-Nab ? demanda Frank.

Stephen lui prit la main et la serra fortement.

—Ami, dit-il avec une fermeté calme, nous

allons engager la lutte, à votre profit d'abord...
Mon tour viendra.... Il faut que vous ayez un
entretien particulier avec miss Mary Trevor.

— Je le voudrais... je le voudrais au prix
de mon sang, Stephen; mais...

— Veuillez m'écouter... cet entretien sera
le premier coup porté à l'ennemi commun...
Le moyen de l'obtenir? je n'en ai pas d'assuré, — mais lady Ophelia est jalouse, et
nous nous rendons de ce pas chez lady Ophelia.

XXI

PETIT COMITÉ.

Il y avait ce même soir une petite réception à Trevor-House. Lord James faisait son whist avec le docteur Müller, dont le flegme germain avait fait sa conquête, lord Stewart, et sir Arcadius Bombastic, le poète lauréat.

Lady Campbell était entourée de sa cour, à laquelle seulement faisaient défaut le marquis de Rio-Santo et le beau cavalier Angelo Bembo. Nous eussions reconnu autour d'elle grand nombre de physionomies : lady Stewart et sa fille, la jolie et gaie Diana, lady Margaret Wawerbenbilwoodie, baronnesse, la blonde Cicely Kemp, sir Paulus Waterfield, lord John Tantivy, le sportman, le vicomte de Lantures-Luces et bien d'autres encore.

Depuis cinq jours, Mary Trevor gardait la chambre; ce soir, elle était descendue au salon pour se réunir à miss Diana Stewart, sa meilleure amie.

La pauvre Mary était bien faible et bien changée. Sa frêle taille semblait se courber sous le poids d'une angoisse trop lourde, et l'on ne pouvait regarder sans compassion la diaphane pâleur de son teint.

Entre elle et son amie il y avait plein contraste. Miss Stewart était une Galloise au teint légèrement bruni, à l'œil foncé, à la bouche rose, un peu grande et s'épanouissant volontiers en un malin sourire qui la faisait charmante. Ses cheveux châtains avaient de ces reflets cendrés qui semblent particuliers à la beauté britannique, et devant lesquels s'éclipsent les tons si bruyamment admirés des chevelures espagnoles. Ses sourcils étaient noirs, arqués et allaient cacher le bout de leur ligne ténue jusque sous les boucles abondantes de sa coiffure. Ses joues avaient la fossette joyeuse des naïves coquettes de Caernarvon, et, sur l'ovale un peu rond de son visage, ses pommettes trouvaient encore moyen de saillir comme pour témoigner de son origine celtique.

Tout cela brillait de santé, de gaîté, de malice, de jeunesse, de vie et de bonté.

Mary faisait peine à voir auprès d'elle. Sa beauté plus distinguée et d'un type supérieur disparaissait effacée par l'éclat éblouissant de sa fraîche compagne. — Et puis il y avait tant de souffrance sur ses traits pâlis, tant de détresse dans son regard éteint ! et ses yeux cernés gardaient la trace de tant de larmes !

Les deux jeunes filles causaient à l'écart.

Le reste de l'assemblée entourait le foyer sous la présidence naturelle de lady Campbell.

La conversation allait, sautant d'une chose à une autre, effleurant mille sujets actuels ou passés. C'était une conversation, chose qui ne se définit point, mais qui amuse ou qui endort selon les circonstances.

Lady Campbell tenait de sa main exercée les rênes de l'entretien, et, comme elle avait son idée fixe, l'entretien revenait périodiquement au marquis de Rio-Santo.

— Je ne l'ai pas vu au Park, le fait est, dit lord John Tantivy, — depuis... attendez... cinq jours, sur ma foi !

—On ne le voit nulle part, ajouta lady Margaret, pas plus au Park qu'ailleurs.

— C'est une éclipse totale! murmura distinctement le petit Français Lantures-Luces ; — je parle sérieusement.

—Cher, vous parlez toujours sérieusement, répliqua le sportman en remontant le carcan inflexible de sa cravate... Il y a cinq jours, le marquis montait *Kitty-Bell*, sa jument blanche qui a gagné l'avant-dernier *handicap* à Epsom... Le jour précédent il montait... Vous y étiez, sir Paulus?

—J'y étais, milord... Mais il faut à coup sûr, miladies, que le marquis ne se montre nulle part pour s'exiler ainsi du cercle de milady (sir Paulus salua la sœur de lord Trévor), et il faut supposer qu'une indisposition...

— Du diable! grommela le sportman, — il me semble que ce baronnet de deux pence m'a répondu par dessous la jambe!

L'Honorable Cicely Kemp agita gracieusement une incommensurable paire de grappes blondes qui ondoyaient de son front à ses épaules.

— M. le marquis de Rio-Santo n'est pas malade, dit-elle en pinçant ses jolies lèvres roses, — et l'on raconte d'étranges choses sur sa grande maison de Belgrave-Square.

— Et que dit-on, mon amour? demanda vivement lady Margaret.

— Oh! madam, répondit l'Honorable Cicely Kemp, qui pinça de plus en plus ses lèvres; — avant d'être mariées, les jeunes filles ne doivent point se montrer trop savantes sur ces sortes de sujets.

Le sportman étouffa un éclat de rire dans sa cravate et pensa que *miss Fraskita*, sa jument isabelle, n'aurait pas mieux répondu.

Lantures-Luces s'inclina d'un air aimable et dit :

— Miss, vous avez là un ravissant éventail; — je parle...

— Sérieusement! acheva le vindicatif sportman.

— Lord John m'a deviné, mesdames... Vous le mettez en veine. Ah ça! ce très cher Rio-Santo n'est pas le seul transfuge... On ne voit plus du tout Brian de Lancester... Nos deux astres nous manquent à la fois.

— Vicomte, vous êtes toujours modeste, dit en souriant lady Campbell.

— Non pas, vraiment, madame, vous êtes trop bonne; je parle... Allons, lord John! achevez.

Tantivy fit la grimace et grommela : Du diable! — Si Lantures-Luces eût été un pur sang, il aurait essuyé un châtiment exemplaire. Mais le sémillant petit Français n'aurait pu seulement faire, au trot, la moitié du tour de l'hippodrome de New-Market.

— Sérieusement! ajouta-t-il avec triomphe; — lord John n'a pas voulu m'aider... Quelqu'une de vous, mesdames, a-t-elle entendu parler de ce cher Brian de Lancester?

— Pas depuis la fameuse comédie qu'il nous a donnée à Covent-Garden, répondit lady Campbell.

— A la suite de laquelle, ajouta lady Margaret, le comte de White-Manor a gardé le lit pendant deux jours.

— On dit qu'il est amoureux, murmura Cicely Kemp, en rougissant immodérément.

— *Shoking!* gronda *in petto* lady Margaret.

— L'amour est le seul vrai bien sur la terre, miladies, déclama de loin le poète lauréat ; — c'est une immatérielle effluve qui s'échappe d'un cœur pour aller charmer un autre cœur, un insaisissable souffle, un pollen de l'âme...

— Sir Argatius, interrompit tranquillement le docteur Müller, il s'achit bas te bollen, mais te bigue... Che chue bique, sir Argatius !... le falet de bigue !

Cette diversion fit oublier l'inconvenant adjectif employé par l'honorable Cicely Kemp. Parler d'amour à dix-sept ans moins onze mois !...

— Figurez-vous, belles dames, reprit le vicomte de Lantures-Luces, que ce même soir Brian voulut me boxer...

— Bonne idée ! pensa Tantivy.

— Sur le devant du théâtre, j'étais avec... une dame, miladies.

— Avec la signora Briotta, dit l'incorrigible Cicely Kemp ; — elle danse bien ; mais elle a de vilaines rotules.

— Oh ! madam ! s'écria Lantures-Luces scandalisé.

— En d'autres termes, lui glissa Tantivy à l'oreille, la signora est couronnée, cher... A la saison dernière, j'ai été forcé de vendre *lady*

Aurora et le pauvre *Presumption* pour cela.

— Oh ! milord ! dit Lantures-Luces ; — pouvez-vous comparer ?... Mais on ne peut gagner beaucoup de savoir-vivre dans la compagnie du pauvre *Presumption* et de lady *Aurora*... Le fait est, mesdames, que Brian me mit le poing sur la gorge. Une seconde de plus, j'étais dans le ruisseau.

— C'est un terrible original, dit lady Margaret avec admiration.

— Contez-nous donc cela, monsieur de Lantures-Luces, ajouta lady Campbell ; — convenez, mesdames, que sans le vicomte... et aussi lord John Tantivy, nous serions de pauvres abandonnées.

Les ladies s'inclinèrent.

— Allons, cher, contez! dit le sportman, d'un air de résignation chagrine.

Nous devons prévenir le lecteur que lord John Tantivy possédait à cette époque de l'année une prestance à peu près présentable. Il ne commençait son fameux régime qu'au mois de février, afin d'être *entraîné* en avril pour les premières courses. En janvier donc, c'était un gentleman tout comme un autre, portant cheveux en coup de vent, cravate démesurément haute, empesée à outrance, frac étriqué, gilet classique, et favoris feuille-morte, hérissés naturellement.

Une seule particularité le distinguait des

simples mortels, c'est qu'il se tenait en double sur sa chaise, et donnait à son torse un balancement continu, comme s'il eût eu entre les jambes *miss Fraskita, Hypotenuse* ou le pauvre *Presumption.*

Ce sportman avait inventé le trot perpétuel.

M. le vicomte de Lantures-Luces se fit prier le temps convenable, déclara que, — sérieusement, — l'histoire ne valait point la peine d'être racontée, et finit par la dire tout au long, sans oublier la perte de son lorgnon en paire de pincettes.

On proclama l'anecdote ravissante, et John

Tantivy, tout seul, ne s'en divertit point immodérément.

— Du diable ! pensa-t-il, pour rendre cela drôle, il faudrait au moins qu'on lui eût brisé le visage d'un coup de poing !

— Je sais mieux que cela, mesdames, s'écria Lantures-Luces, que les applaudissemens mettaient en goût ; — ce cher Brian, Dieu merci, fournirait, lui seul, tous les salons de Londres d'anecdotes !...

— Avec M. le marquis de Rio-Santo et vous, vicomte, dit la sœur de lord James d'un ton où une imperceptible nuance de moquerie se cachait sous la bonhomie la plus aimable,

— il défraie en vérité tous nos entretiens... N'est-il pas vrai, mesdames?

— Assurément, répartit lady Stewart.

— On parle de Paris! ajouta lady Margaret Wawerbenbilwoodie; — mais Paris nous envoie ce qu'il a de mieux.

— Ah! mesdames!... ah! miladies!... vraiment!... vraiment!... vraiment!!!... dit le petit Français en saluant à la ronde avec enthousiasme; — vous me comblez!... Je ne mérite pas... non, ma foi! — mais non... je parle...

— Tu parles trop, poney maudit! pensa le sportman qui avait envie de conter un *steeple chase* où vingt-deux chevaux avaient été tués sans compter les gentlemen riders.

— Nous écoutons, reprit lady Campbell.

— Ma foi, mesdames, ce n'est pas du nouveau... Cela date de trois semaines au moins, mais les journaux n'en ont point parlé, que je sache... Voici l'histoire... Ce cher Brian avait dîné ce soir-là au club en tête-à-tête avec le prince Dimitri Tolstoï, ambassadeur de Russie...

— Que je voudrais être ambassadrice! pensa l'Honorable Cicely Kemp.

— Sa Grâce, il faut que vous le sachiez,

boit comme un Kosak et a le vin très mélancolique...

— Le vin ! s'écria de sa place sir Arcadius Bombastic ; — le vin, ce nectar précieux qu'un ciel marâtre a refusé à nos froides contrées ; le vin, cette joie des forts, cette force des faibles ; le vin que la mythologie nous montre sous la forme d'un beau jeune homme couronné de pampres verts, le sourire à la bouche, le bon mot aux lèvres...

— Tiaple ! mein herr Pompastig ! interrompit le Germain en se livrant à d'extravagantes originalités de prononciation ; — fous médez du gœur sur tu gareau, afec fos bambres ferts !... C'est indoléraple, tarteifle !

— Sa Grâce, poursuivit Lantures-Luces, soupire au sixième verre de champagne, verse des larmes au douzième, sanglote au dix-huitième et ainsi de suite.

Lancester était justement ce jour-là dans ses idées noires. Il fit chorus avec le prince jusqu'au dix-huitième verre inclusivement.

— Passé ce point, mesdames, Sa Grâce a coutume de briser les assiettes et généralement tout ce qui se trouve sur la table... C'est une fantaisie nationale, une gentillesse hyperboréenne... Sa Grâce, du reste, solde le dégât le lendemain matin.

Brian refusa de le suivre sur ce terrain et désira se borner aux sanglots. De là, discussion grave. On prit rendez-vous pour le lendemain à Greenwich. Un combat sans merci devait s'en suivre. Le prince était furieux.

De fait, mesdames, il n'y a que Brian au monde pour empêcher un Tartare de briser des assiettes à son gré.

— Et se battit-on? demanda miss Cicely Kemp.

— Mon amour, un peu de patience! répliqua lady Margaret.

— De guerre las, mesdames, reprit Lantures-Luces, le prince, qui voyait bien qu'il ne pourrait pas détruire ce soir la moindre vaisselle, se leva pour sortir. Brian le retint.

— Milord, lui dit-il, je ne connais rien de

fastidieux comme un duel à l'épée, si ce n'est un duel au pistolet.

— Nous pourrons nous battre au sabre, lui répondit l'ambassadeur.

— Fi donc !... Il y aurait bien la lance... Aimeriez-vous la lance, milord ?

— Qu'est-ce à dire, monsieur ? s'écria le prince qui crut qu'on se moquait de Sa Grâce.

— Je vous demande, milord, si la lance vous plairait ?... Mais non ! cela ressemblerait à ces innocens tournois que donnent certains lords écossais... Asseyez-vous donc, prince ! Nous chercherons ensemble un moyen de nous tuer le moins sottement possible.

Sa Grâce se rassit. On apporta du champagne, et l'on but de plus belle. Le prince était ivre comme le premier marquis d'Irlande en ses bons jours.

Lancester, lui, boirait la tonne d'Heidelberg sans rien perdre de son sang-froid.

— Milord, dit-il au bout d'une demi-heure, il faut nous pendre.

— A la bonne heure ! s'écria le prince, pendons-nous, par saint Nicolas !... *Waiter !* deux cordes, s'il vous plaît.

— Pourquoi deux, milord ?... c'est un duel, vous savez... il suffira d'une corde. Mais il faut des dés. Nous allons jouer à qui de nous deux pendra l'autre.

— Ah ! voilà bien une idée de Lancester ! s'écria lady Margaret.

— Et y eût-il quelqu'un de pendu ? demanda l'Honorable Cicely Kemp.

— Attendez donc, ma chère belle !...

— Le prince cria : bravo ! reprit Lantures-Luces. Brian et lui étaient désormais les meilleurs amis du monde. On apporta des dés. Brian perdit et fut condamné à être pendu.

Le prince Dimitri Tolstoï ne se possédait plus, tant il ressentait de joie.

Il était minuit environ. Brian et Sa Grâce sortirent du club, bras dessus, bras dessous et se dirigèrent vers Portland-Place...

— Mais enfin, dit l'honorable Cicely Kemp, M. de Lancester n'a pas été pendu, puisque...

— De grâce, mon cher cœur, écoutez! s'écria lady Campbell; on ne conte pas une histoire comme M. de Lantures-Luces!...

— Ah! madame! balbutia le vicomte; vous me comblez, sur ma parole, et je n'oserai plus...

L'honorable Cicely Kemp se pencha à l'oreille de lady Margaret.

— Madam, murmura-t-elle, *ex abrupto*,

voulez-vous me mener avec vous la prochaine fois que vous irez voir pendre?

Ce terrible à-propos fit sauter lady Margaret sur son fauteuil.

— Fi! mon cher cœur, fi! répliqua-t-elle; à votre âge!...

— Arrivé dans Portland-Place, devant l'hôtel du comte de White-Manor, poursuivit Lantures-Luces, — car vous pensez bien mesdames, que le comte était pour quelque chose en tout ceci, — Brian ôta sa cravate et jeta bas son habit.

— Allons, prince, dit-il, mettez-moi, s'il vous plaît, la corde au cou.

Le prince ne se fit pas prier. — On eut un peu de peine ; mais avec de la bonne volonté, mesdames, on parvient à tout. — Quelques minutes après, Brian de Lancester se balançait pendu à la barre d'une lanterne à gaz, et Sa Grâce le prince Dimitri Tolstoï se mourait de rire en le regardant.

— Comment ! s'écria le chœur féminin, les choses allèrent jusque-là ?

— Oui, miladies.

— Mais, objecta Cicely Kemp, M. de Lancester n'a pas été pendu tout à fait, en définitive ?

— On dirait que vous le regrettez, mon amour ! fit aigrement observer lady Margaret.

— Oh! non, madame, répondit l'honorable miss; — mais il faut bien qu'une histoire ait une fin.

— C'est là une vérité profonde énoncée en termes vulgaires, dit de loin sir Arcadius Bombastic; — toute histoire, comme tout drame, doit avoir une exposition, un nœud, un dénouement... protase, épitase, péripétie...

— Brodase, ébidase, béribézie, répéta le docteur Müller; — c'est gonnu, mein herr Pompasdig... che choue la tame te drevle; tonnez-en ou goubez!

— Eh bien, dit lady Campbell en souriant, je parie que le vicomte n'est pas sans avoir une péripétie en réserve.

—Diables de mots! pensa le sportman; — pas mauvais pour un cheval, pourtant... J'appellerai *Epitase* le poulain de *miss Fraskita*.

—Assurément, madame, répondit Lantures-Luces d'un air modeste; — mon histoire a une fin telle quelle... La voici :

Brian tenait la corde à deux mains, et, avant de se lancer dans l'éternité, il maudissait son frère d'une voix retentissante. Sa harangue amenait peu à peu aux fenêtres les gens du quartier, de telle sorte qu'en mourant ce pauvre Lancester eût emporté du moins la consolation d'avoir poussé à fond une dernière botte au comte de White-Manor.

— Allons, Brian, allons, mon ami, disait

cependant le prince qui s'était assis sur le trottoir ; — lâchez la corde comme un brave garçon ! Ne me faites pas rester là... je sens que je m'enrhume !

Brian haranguait toujours, accusant son frère de sa mort et appelant sur lui la malédiction du ciel.

Sur ces entrefaites, des policemen passèrent. Les gens qui écoutaient aux fenêtres leur crièrent de secourir ce malheureux qui se pendait. — Brian se hâta de lâcher la corde, mais il n'était plus temps. Les policemen le dépendirent, malgré les courageux efforts du prince Dimitri Tolstoï, qui perdit deux dents à cette mémorable bataille.

Mais lorsque Brian se fut remis sur pied, les choses changèrent de face. Vous savez quel terrible homme est ce cher Brian, lorsqu'il se fâche, mesdames?... Eh bien! il se fâcha tout rouge en voyant qu'on s'était permis de le dépendre. — Il y avait quatre policemen. Brian ne fit de chacun d'eux qu'une bouchée et les jeta sur le pavé l'un auprès de l'autre, comme s'ils eussent été des soldats de plomb.

Ensuite il salua gravement Sa Grâce, l'ambassadeur de Russie, qui gisait, lui aussi, dans la boue, et s'en alla paisiblement se coucher.

— Délicieuse folie! dit lady Margaret.

— En vérité, miladies, ajouta la sœur de

lord Trevor, s'il n'y a que M. de Lancester pour inventer et mettre à exécution ces fantastiques *eccentricities*, convenez qu'il n'y a que le vicomte pour les narrer comme il faut.

— Ah! madame! vraiment... vraiment! murmura Lantures-Luces, gonflé de satisfaction.

— Achille fut bien heureux de trouver un Homère! prononça sentencieusement le poète lauréat.

— Et que devint l'ambassadeur de Russie? demanda la bouche rose de Cicely Kemp.

— Eh! mon amour, qu'importe cela?...

Que dit lord John Tantivy de cette charmante anecdote?

— Je dis, madame, répondit le sportman avec gravité, que nous n'aurons bientôt plus la liberté de nos mouvemens dans Londres!... Voyez! voici quatre sots policemen qui empêchent un gentilhomme de se pendre, quand telle est son envie!... Autant vaudrait vivre en Turquie, sur ma foi!

— Tantivy parle sérieusement, mesdames, fit observer Lantures-Luces, à qui son triomphe donnait presque de l'esprit; — pour répondre à madame, ajouta-t-il en saluant miss Kemp, — je dirai que le prince Dimitri Tolstoï n'est pas mort, et qu'il a payé un millier de livres au journaux pour étouffer l'aventure.

On parla sur ce sujet encore durant quelques minutes, puis la conversation reprit sa course bondissante. Certes, lady Campbell avait au plus haut point la science du monde, mais quel est le pilote habile qui n'échoue pas une fois dans sa vie quand la marée et le vent sont contraires ? — Lady Campbell n'avait qu'un désir : c'était d'empêcher l'entretien de tomber sur Frank Perceval.

On y arriva fatalement, parce que, dans une soirée en petit comité, il faut parler de toutes choses, — de toutes.

L'Honorable Cicely Kemp, qui jouait ici le

rôle que le peintre français Gavarni donne à ses *Enfans terribles* dans ses ravissantes esquisses de mœurs, prononça le nom de Frank. Lady Margaret demanda ce qu'il devenait...

Lady Campbell jeta un coup d'œil inquiet sur sa nièce. — Le nom de Frank avait produit l'effet redouté. La pauvre Mary penchait sa tête pâlie sur l'épaule de Diana Stewart.

— Frank est toujours malade, répondit Lantures-Luces. Il ne sort pas et il ne reçoit pas.

— Permettez, cher, répliqua Tantivy, heureux de contredire son heureux rival ; — il ne vous reçoit pas peut-être, — mais il sort. Je viens de le rencontrer dans Regent-Street, à la porte de la comtesse de Derby.

— Ah!... pensa tout haut lady Campbell ; — sa première visite est pour lady Ophelia... Je ne les savais pas si liés.

— La comtesse de Derby cherche des distractions, dit Cicely Kemp, l'*enfant terrible*.

Au moment où elle achevait sa phrase, qui n'était peut-être qu'une répétition de ce qu'elle avait entendu dire à quelque lady ayant l'âge de raison, la porte s'ouvrit à deux battans et un valet annonça :

— Madame la comtesse de Derby !

XXII

CURIOSITÉS DU COEUR.

Pendant la conversation éminemment frivole que nous avons rapportée au précédent chapitre, miss Mary Trevor et Diana Stewart s'étaient isolées du cercle principal et s'étaient fait, pour elles seules, une conversation bien différente de celle du gros de l'assemblée.

— Mary, disait Diana, qui était devenue sérieuse devant la détresse de son amie ; ma bonne Mary, ne m'ouvrirez-vous point votre cœur?... Vous vous souvenez bien que nous nous sommes promis de n'avoir point de secret l'une pour l'autre... moi, je n'ai point de secret ; si j'en avais, vous le sauriez?... Ne m'aimez-vous donc plus, Mary?

— Si, Diana... oh ! je vous aime bien... comme autrefois... mieux qu'autrefois... depuis que ceux qui m'aimaient m'ont oubliée !... mais je n'ai pas de secret.

— Et pourquoi donc êtes-vous si pâle,

Mary ?... Pourquoi ne savez-vous plus sourire ?

— Savais-je donc sourire autrefois? murmura miss Trevor. — Diana, vous n'y songez pas... moi, sourire !...

— Oh ! oui, sourire ! être heureuse, Mary...

Miss Trevor baissa la tête.

— Etre heureuse ! répéta-t-elle, comme si ce mot eût été pour elle un terme d'une langue inconnue.

— Vous l'étiez autrefois, Mary...

— Diana, je ne m'en souviens plus.

Mary laissa tomber ce mot tout bas. Il était

l'expression simple et sincère d'un découragement si profond, que miss Stewart sentit ses yeux se mouiller de larmes.

— Chère Mary, dit-elle ; ne me parlez pas ainsi... Vous ne pouvez avoir oublié nos bonnes causeries au château de ma mère, et nos longues promenades dans les grands bois de Trevor Castle!... Quels beaux rêves d'avenir nous faisions toutes deux.

— C'étaient des rêves, Diana!...

— Des rêves qu'on peut changer en réalité, Mary!... Tout n'est-il donc pas autour de vous comme autrefois! Voici mon cousin Frank revenu de son voyage...

— Il ne faut pas me parler de Frank, dit miss Trevor en fronçant légèrement ses délicats sourcils.

— Pourquoi, Mary ? Ne l'aimeriez-vous plus ?

— Non.

Mary tourna la tête. Lorsqu'elle regarda de nouveau sa compagne, une sorte de sourire pénible à voir contractait son visage.

— Vous ne savez donc pas ? reprit-elle ; j'aime le marquis de Rio-Santo !

— Vous aussi ! s'écria miss Stewart. — Oh ! prenez garde, ma pauvre Mary ! j'ai eu bien peur de l'aimer, moi !... Je crois que je l'ai aimé... je crois même...

Diana s'arrêta et devint plus rose que le satin du ruban qui nouait sa riche chevelure. — Puis, tout à coup, elle sourit de bon cœur.

— Mais moi, poursuivit-elle, j'aime à ma manière et n'en prends point de mélancolie... C'est le roi des hommes, après tout !... Ah ! vous l'aimez, Mary... Eh bien ! je ne puis dire combien je suis heureuse de vous voir plaisanter...

— Je ne plaisante pas, Diana ; je mens...

Miss Stewart perdit son sourire et contempla son amie dont la voix plaintive s'était emplie tout-à-coup d'amertume.

— Vous mentez ? répéta-t-elle sans comprendre.

— Je souffre ! murmura miss Trevor.

Diana passa son bras autour de la frêle taille de sa compagne.

— Cela se voit trop, pauvre Mary ! répliqua-t-elle en soupirant ; mais votre pensée m'échappe... vos paroles n'ont plus de sens pour moi...

— Tant mieux, Diana ! c'est que vous êtes heureuse.

— Je le serais, Mary, si je ne vous voyais pas souffrir... Et je voudrais tant vous soulager !... mon Dieu !... Mais je ne comprends plus votre cœur... Par pitié pour vous et pour moi, répondez-moi sans détour... N'aimez-vous plus Frank Perceval?

— J'épouse le marquis de Rio-Santo, Diana.

— On me l'avait dit... Je n'y voulais point croire... Pauvre Frank!

Mary aspira fortement l'odeur âcre et subtile de son flacon de sels.

— J'espère que je mourrai bientôt! dit-elle.

Les bras de miss Stewart retombèrent.

— Mourir! reprit-elle; — oh! vous l'aimez

encore, Mary!... Et comment l'auriez-vous oublié! Un noble cœur comme le vôtre ne change point et n'aime qu'une fois... Mais quelle tyrannie étrange force donc ainsi votre volonté? Lord Trevor est le meilleur des pères; lady Campbell...

— Écoutez! interrompit Mary avec un frisson de terreur.

— Qu'y a-t-il? demanda miss Stewart.

— N'entendez-vous pas?...

Diana écouta de toutes ses oreilles et n'entendit rien, si ce n'est la voix flûtée de M. le vicomte de Lantures-Luces, narrant, de l'agréable façon que nous avons rapportée, une *eccentricity* de Brian de Lancester.

Les nerfs de la pauvre Mary semblaient cependant violemment ébranlés.

— Oh! j'entends, moi dit-elle, et ce bruit me fait peur... C'est une voiture, Diana, qui court sur le pavé de Park-Lane... Si c'était la sienne!

Il y avait une indicible épouvante dans la voix de miss Trevor.

— La voiture de qui? demanda Diana.

— La sienne!... Je l'entends de bien loin... quelque chose de lui absent correspond avec mes pauvres nerfs et les torture... Ma tante dit que je l'aime... et je l'aime peut-être, Diana... N'aimez jamais, oh! jamais, vous qui êtes si fraîche et si jolie, vous qui souriez si gaîment, Diana, vous qui chantez si doucement à votre harpe, vous qui dansez au bal avec une joie si franche, vous qui êtes libre partout et partout heureuse !... n'aimez jamais, cela fait trop souffrir !... On apprend à pleurer, Diana ; on devient pâle et bien triste... le chant irrite, la danse fatigue... et la nuit... oh ! la nuit, Dieu qui n'a point pitié, vous envoie des rêves de bonheur... Des rêves, quand le bonheur est impossible et que l'angoisse vous guette au réveil !

Mary levait au ciel ses grands yeux sans larmes ; sa voix était sourde et lente comme l'atteinte du désespoir.

— Pauvre Mary ! soupira miss Stewart, qui

devinait vaguement l'étendue de cet étrange martyre.

— Il y a six jours qu'il n'est venu, reprit Mary Trevor ; — sais-je, mon Dieu ! si je désire qu'il revienne !... Je souffre autant quand il est loin de moi, parce que sa pensée est toujours présente... Ah ! j'espère que je mourrai bientôt !

— Mais autrefois, Mary, s'écria miss Stewart navrée, — quand vous aimiez Frank Perceval, vous ne souffriez pas ainsi !

Une lueur passagère éclaira le front pâle de miss Trevor.

— Autrefois, murmura-t-elle, — autrefois !... quand il devait venir, comme j'étais joyeuse! comme j'épiais la marche trop lente de l'aiguille sur le cadran de la pendule! Que j'étais pressée de le voir, heureuse de sa présence, attentive à sa noble parole, jalouse de chacun de ses regards!... Mais ce n'est pas là de l'amour, Diana!... Ma tante m'a longuement expliqué tout cela... longuement et souvent... si souvent qu'une brume a couvert ma propre pensée... L'amour, voyez-vous, est un supplice, et ce que j'éprouvais pour Frank était un sentiment tout plein d'espoir et de bonheur... Oh! c'est le marquis de Rio-Santo que j'aime.

Cette parole, qui semblait être une raillerie amère et désespérée, Mary la prononça d'un ton de morne conviction.

— Mais c'est de la folie, chère Mary! s'écria Diana; — vous avez mal compris lady Campbell, ou la fascination exercée par cet homme a troublé votre intelligence... Vous aimez Frank, vous ne l'avez jamais aimé davantage.

— Vous êtes une jeune fille, ma bonne Diana, dit miss Trevor en secouant la tête, — et vous n'entendez rien à ces choses... ni moi non plus, vraiment... J'en meurs sans les connaître.

Il y eut un instant de silence entre les deux amies. M. de Lantures-Luces avait fini son récit. La conversation faisait trêve de l'autre côté du salon. Diana contemplait sa compagne avec une douloureuse curiosité. Mary semblait méditer, ou, pour parler mieux, elle livrait son esprit sans défense aux assauts de sa tristesse accoutumée. Un nuage de mélancolie plus amère descendit tout-à-coup sur son front.

— Elle est bien belle, Diana, savez-vous, dit-elle, la femme qui m'a pris le cœur de Frank Perceval !

— Que dites-vous, Mary ! répliqua vivement miss Stewart frappée d'un trait de lumière ; — Frank aimer une autre femme !... Oh ! que je voudrais ne me point tromper et croire que la jalousie seule fait votre tourment ! Je vous rassurerais... car vous êtes dans l'erreur, Mary !... Et qui sait si l'on n'a point calomnié le pauvre Frank auprès de vous !

— J'ai vu, répondit Mary ; — elle est bien belle !

— Et qu'avez-vous pu voir ? s'écria Diana, retrouvant toute sa pétulance. — Frank est mon cousin, et je ne souffrirai pas... Pauvre Mary ! se reprit-elle ; — pardon ! Je pense comprendre à présent votre mal... Mais qui donc, dans la maison de James Trevor, est l'ennemi de Frank Perceval ?

— C'est moi ! répondit miss Trevor dont l'œil eut un fugitif éclair de courroux.

— Vous, Mary !... Comment voulez-vous que je vous croie !... je vous sais si noble et si bonne !... Oh ! tout cela est bien étrange, mon Dieu !... J'ai cru comprendre un instant ;

mais je vois maintenant que toutes ces choses bizarres sont au dessus de ma pauvre intelligence... Il y a comme un sort jeté sur vous!

— Peut-être, Diana!... mais qu'importe?... Ne sais-je pas que je mourrai bientôt!

Ce fut en ce moment que la comtesse de Derby, annoncée, entra dans le salon de Trevor.

Jadis, avant l'arrivée de Rio-Santo à Londres, lady Ophelia était fort intimement liée avec lady Campbell. Depuis, sa liaison connue avec le marquis avait naturellement refroidi les rapports entre elle et la tante de Mary. Néanmoins, ces relations n'avaient point cessé; on ne rompt point volontiers tout à fait dans un certain monde, parce qu'une rupture fait parler toujours. Nous avons vu lady Ophelia au bal de Trevor-House.

Mais il était bien rare maintenant que lady Ophelia et lady Campbell se rendissent visite, sans façon pour ainsi dire et les jours réservés aux intimes. Un mur d'étiquette s'était élevé entre elles deux. Elles ne s'aimaient pas.

Au contraire, lady Ophelia avait conservé pour Mary Trevor une sorte d'amitié ou plutôt de tendre compassion. Mary était sa rivale pourtant, mais l'âme véritablement noble de la comtesse de Derby ne pouvait prendre de haine contre ce débile et inoffensif adversaire que lui donnait le hasard. — Et puis, son esprit exquis, mondain, subtil et savant à distinguer les nuances les plus imperceptibles, voyait clair où à peu près au fond du cœur de Mary.

Elle devinait que sa véritable rivale n'était point la pauvre enfant, mais sa tante, lady Campbell, dont l'entêtement était une passion et qui aimait, — à en perdre l'esprit vraiment! — pour le compte et à la place de sa nièce.

Nous ne sachons pas qu'on ait fait encore de comédie sur ce sujet. La matière est un peu insaisissable, mais Shéridan ou mieux Fielding l'aurait su mettre à la portée de tout le monde. — Quoi de plus comique en effet que ces excellentes personnes, arrivées à l'âge de sagesse, qui poussent le dévoûment jusqu'à se charger d'avoir un cœur pour autrui !

Les lady Campbell, hélas! sont moins rares qu'on ne pense. Ce sont de vertueuses femmes, de spirituelles femmes, d'aimables femmes...

En vérité, cela est ainsi. Nul ne peut dire le contraire. — Et ces bonnes créatures, remplies de douceur d'âme, font plus de mal chacune que trois ou quatre mégères de la pire espèce.

Elles sont oisives. Elles ont trop d'esprit et trop de cœur; elles emploient l'un et l'autre. Il le faut bien ; c'est la loi de nature.

Avec un peu plus d'égoïsme, elles chercheraient le bonheur pour elles-mêmes; avec moins d'esprit, elles ne seraient plus dangereuses.

Tournez cela d'une certaine façon, vous toucherez au grotesque et vous ferez rire; mais sur nos lèvres, à nous, le rire se glace. Sous ce burlesque travers il y a aussi de la tragédie.

Par les soins empressés, généreux, maternels de toute lady Campbell, il y a presque toujours quelque Mary Trevor qui pâlit, qui souffre et qui pleure...

La comtesse de Derby, avec son coup d'œil de grande dame, avait dès long-temps fait la part de la tante et de la nièce. A la première toute sa rancune, à l'autre sa compassion. Seulement, comme elle ne pouvait mesurer exactement l'extrême esclavage moral de miss Trevor, elle ne savait point au juste jusqu'où allait son martyre.

L'entrée de la comtesse de Derby causa quelque surprise parmi les habitués du salon de Trevor-House. Chacun savait parfaitement les termes où en étaient ensemble la belle visiteuse et la maîtresse de la maison. Le vicomte de Lantures-Luces caressa énergiquement la chaîne de son lorgnon ; le sportman grommela : Du diable ! Et miss Cicely Kemp ouvrait sa charmante bouche rose pour prononcer quelque énormité, *shoking* au premier chef, lorsque lady Margaret eut le bon esprit de lui imposer silence d'un geste.

Quant à lady Campbell, qui n'était certes pas la moins surprise, elle se leva souriante et courut à la rencontre de son ancienne amie avec un véritable transport de joie, ce qui donna occasion à lord John Tantivy de grommeler à part soi cette judicieuse réflexion :

— Deux jumens se battraient en pareil cas, et voilà celles-ci qui se caressent !

Le mot *celles-ci*, dans la conscience de lord John, n'impliquait, du reste, aucune comparaison blessante pour la plus belle moitié de l'espèce chevaline.

Les joueurs de whist s'étaient levés. Il y avait eu réception dans les règles.

Mais autant lady Campbell semblait empressée, ravie, autant la comtesse de Derby paraissait mal à l'aise et troublée. Et c'était une chose fort étrange, car lady Ophelia était renommée dans Londres entier pour son incomparable science du monde. Ses rivales copiaient sa tenue, désespérant de faire mieux en faisant autrement qu'elle.

Elle était très pâle. Ses yeux gardaient quelques traces de fatigue ou peut-être de larmes. Son regard était distrait jusqu'à l'égarement.

— Je ne vois pas miss Trevor, dit-elle avant de s'asseoir ; — serait-elle malade ?

Mary était devant elle.

— Ah!... reprit lady Ophelia en l'apercevant; — vous êtes bien changée, chère Mary!

Elle la baisa au front, et, par un geste involontaire, sa main se glissa dans son sein. — Mais elle la retira vide et rougit, comme si elle eût été sur le point de faire une mauvaise action.

Puis elle s'éloigna brusquement de Mary pour aller s'asseoir au milieu du cercle.

— Madame, lui dit Lantures-Luces, je ne pense pas vous avoir vu jamais une aussi ravissante agrafe!

Il est juste d'ajouter que lady Ophelia n'avait point d'éventail que le petit Français pût admirer de préférence.

— N'allez-vous point, reprit-il, nous donner des nouvelles de ce cher Frank Perceval ?

Lady Ophelia changea de couleur.

— Comme vous rougissez, milady ! s'écria l'honorable Cicely Kemp ; — et comme vous pâlissez, maintenant !

— Laissez, mon amour, laissez ! murmura lady Margaret.

— Frank Perceval ! murmura lady Ophelia ; — je ne sais... en vérité... monsieur.

— Lord John se sera trompé ! interrompit

le petit Français qui avait bon cœur, après tout.

La comtesse ainsi avertie reprit, en faisant effort pour se remettre :

— J'ai vu en effet l'Honorable Frank Perceval, monsieur. Il souffre toujours de sa blessure, et de plus... il souffre beaucoup, monsieur.

Mary serra le bras de miss Stewart. Elles s'éloignèrent. Lady Ophelia les suivit d'un regard inquiet.

Le reste de la visite, qui, du reste, ne se prolongea point, fut pénible, malgré les efforts de lady Campbell qui fit preuve, mais en vain, d'admirables ressources de conversation. Évidemment, la comtesse souffrait, et, chose singulière, on eût dit que son malaise était quelque chose comme de la honte ou du remords.

Elle se leva enfin. Chacun s'empressa de l'imiter, car, contre l'habitude, sa présence pesait sur l'esprit de chacun.

Après avoir donné la main à lady Campbell et salué lord James, au lieu d'aller vers la porte, elle se dirigea précipitamment vers Mary qui poussa un faible cri.

C'était de la surprise sans doute.

Cependant, miss Cicely Kemp prétendit, malgré les *chut!* répétés de lady Margaret, que la comtesse avait tiré de son sein un papier et l'avait jeté sur les genoux de Mary en l'embrassant.

Lady Campbell darda un soupçonneux regard de ce côté. Elle ne vit rien.

Il est vrai que la blanche main de Diana Stewart s'était prestement avancée, puis retirée. —Par bonheur, l'Honorable Cicely Kemp n'avait point aperçu ce mouvement.

La comtesse de Derby n'était plus là.

Ce n'était rien, évidemment. Le cercle se reforma et glosa sur cette visite inattendue.

Pendant cela, Mary, tremblante et respirant à grand'peine, recevait en cachette, des mains de miss Stewart, une lettre sur l'adresse de laquelle elle avait reconnu d'un coup d'œil l'écriture de Frank Perceval.

Miss Cicely Kemp n'était pas sans avoir quelque peu raison.

XXIII

LE RENDEZ-VOUS.

Frank Perceval s'était présenté seul à l'hôtel de la comtesse de Derby. Stephen l'avait attendu dans la voiture.

Il avait fallu bien des prières pour déterminer lady Ophelia, si véritablement douée de la délicatesse du cœur, et imbue de cette haute et digne réserve qui tient lieu de morale au peuple de nos salons, il avait fallu, disons-nous, bien des prières pour la déterminer à tenter la démarche équivoque qui clot le précédent chapitre.

Remettre une missive clandestine à une jeune fille!... — Ceci, dans nos mœurs hypocrites, qui se drapent pour la foule dans un austère manteau de pruderie et grimacent incessamment le faux puritanisme d'une chasteté poussée à l'extrême, dépasse réellement les bornes et doit sembler à chacun une révoltante énormité. Sur trois cents douzaines de ladies, pas une assurément ne laisserait passer ce fait, raconté, sans lever les yeux au ciel et détonner ce miaulement cacophonique, cet o-o-oh ! prononcé sur trois notes uniformément fausses qui est, à Londres, la suprême imprécation féminine. Le fameux *shoking* serait impuissant à rendre toute la ferveur de leur vertueuse indignation.

Nous sommes trop galans pour ne point faire chorus. Il faut miauler avec les ladies ; hurler avec les loups est à peine aussi indispensable.

Sérieusement, le fait est grave en thèse générale et nous sommes fort loin de l'approuver.

Mais le cas de lady Ophelia n'était point un cas ordinaire. Nous demandons pour elle au lecteur, non point la honte des circonstances atténuantes, mais une franche et complète absolution.

Ne savait-elle pas, en effet, quelle menace pesait sur l'avenir de miss Trevor, et ne connaissait-elle pas les droits de Frank à se poser en défenseur de la pauvre affligée ?

Aussi ses principaux scrupules n'avaient-ils point pris source dans la répugnance naturelle à toute âme fière pour une action équivoque. Si lady Ophélia eût jugé la démarche honteuse ou seulement blâmable au point de vue vrai de l'honneur, rien au monde n'aurait pu la porter à l'accomplir. Son hésitation venait d'une tout autre cause. Elle craignait de nuire au marquis de Rio-Santo.

Elle avait révélé déjà le secret du marquis ; elle s'en repentait, parce que, si certaine qu'elle pût être de la droiture de Frank, elle redoutait une lutte où elle-même aurait fourni des armes contre l'homme qu'elle aimait. Devait-elle donc aller plus loin et sonner la charge en quelque sorte, et commencer elle-même les hostilités?

Présentée sous cet aspect, la question était aisée à résoudre. Aux premiers mots de Frank, la comtesse se raidit et refusa.

Mais Frank avait sa leçon faite. Livré à lui-même, il n'eût été qu'éloquent et son procès était perdu, car l'amour, qui plaidait la cause contraire dans le cœur d'Ophelia, ne peut être vaincu sur le terrain de l'éloquence. — Stephen avait parlé; Frank se souvint et fut avocat : l'amour, dérouté, se tut.

Le secret confié par lady Ophelia n'appartenait qu'à elle seule, mais Frank était engagé d'honneur aussi à veiller sur Mary Trevor. Garder le silence était son devoir tant que le silence serait possible. Mais les circonstances marchaient. Lord James, au cœur de qui le secret confié serait demeuré enfoui comme en une tombe, avait refusé toute explication. Deux routes restaient ouvertes; il n'y en avait pas une troisième.

Le premier expédient consistait à se rendre

chez le marquis, la menace à la bouche, à le forcer d'abandonner sa recherche, à le dominer en lui montrant l'arme que l'indiscrétion avait forgée contre lui.

L'autre était plus simple. Il consistait à voir Mary.

Mais Mary ne sortait pas, et Frank ne pouvait se présenter à Trevor-House.

Tel fut, en substance, le plaidoyer de Perceval.

Le choix de lady Ophelia pouvait-il être douteux entre les deux branches de ce dilemme? Par le dernier moyen offert, Rio-Santo ignorait tout, et le secret demeurait entre Frank et Mary Trevor.

Elle se résigna. Frank écrivit une lettre. La comtesse fit atteler et se rendit à Trevor-House.

Le trouble excessif où nous l'avons vue au moment de remettre à Mary le billet de Perceval était le résultat des deux causes dont nous venons d'entretenir le lecteur. Mais ici, sous les regards ennemis de lady Campbell, sa honte l'emportait sur sa crainte amoureuse. La comtesse avait le rouge au front; elle tremblait, — non plus pour Rio-Santo, mais pour elle-même.

Il ne tint pas à l'Honorable Cicely Kemp que ses craintes ne fussent réalisées.

En sortant de Trevor-House, le front de la comtesse ruisselait de sueur. Elle se tapit, effrayée, en un coin de son équipage. Un poids écrasant était sur sa poitrine. — Il lui semblait que Londres entier allait lire le lendemain sur son visage le crime de lèse-bienséances qu'elle venait de commettre.

Or, Londres, si débonnaire pour le vice accepté, convenu, normal, est sans pitié pour toute faute non définie.

On y peut tout faire, mais d'une certaine façon. Il faut se bien tenir et ne se vautrer que selon l'étiquette.

L'équipage s'arrêtait au perron de Barnwood-House, que la comtesse était encore tout émue.

— Je ne l'eusse pas fait! murmura-t-elle en frissonnant; — oh! non, je n'aurais pas osé, mon Dieu!... Mais la pauvre enfant était si pâle et semblait tant souffrir!...

La lettre de Frank ne contenait que quelques lignes. Elle assignait, en termes respectueux, mais fermes et pressans, un rendez-vous à miss Trevor, chez son amie miss Diana Stewart, cousine de Frank Perceval.

Mary lut et demeura un instant comme absorbée.

— Pensez-vous qu'un homme puisse aimer

deux femmes, Diana? demanda-t-elle au bout de quelque temps.

— Ne savez-vous pas, Mary, répliqua étourdiment Diana, que M. le marquis de Rio-Santo n'en aime jamais moins de quatre à la fois?

Une larme roula sur la joue de miss Trevor.

— Frank est ainsi sans doute, murmura-t-elle; — il m'aime et il aime cette femme... Moi, je ne l'aime plus.

Elle tendit la lettre à miss Stewart.

— Écoutez, Diana, poursuivit-elle; demain, quand il se rendra chez vous pour me voir, dites-lui que je suis bien heureuse... dites-lui que c'est plaisir de m'entendre chanter, de me voir sourire... Dites-lui que vous avez peine à m'égaler en gaîté, tant je suis follement joyeuse...

Elle s'interrompit épuisée. — Diana, qui ne comprenait point, jeta un coup d'œil sur la lettre.

— Quoi ! Mary, s'écria-t-elle, avez-vous bien le courage de refuser ce pauvre Frank, blessé, souffrant ?...

— Souffre-t-il donc autant que moi ? répliqua miss Trevor dont la voix se brisait ; — dites-lui... vous vous souvenez, n'est-ce pas, Diana ?... dites-lui tout... Eh bien ! quand je serai morte, il saura que j'ai souffert... mais jusque-là qu'il me croie heureuse !

— Oh ! Mary, pauvre Mary, murmura miss Stewart ; — quelle maligne influence pèse donc sur vous !... quelle main a donc serré sur vos yeux ce cruel bandeau qui vous fait aveugle !... Par pitié pour vous, ne repoussez pas la prière de Frank ; — venez demain, ne fût-ce que pour lui dire un dernier adieu !

— Si vous l'aviez vue, Diana, répondit Mary, retrouvant quelque force en un soudain mouvement de jalousie ; — si vous saviez combien elle est belle !... Non oh ! non, je n'irai pas !...

Mary, comme toutes les natures débiles, était obstinée à l'excès, lorsqu'aucune influence supérieure ne pesait sur sa volonté. Miss Stewart n'essaya plus de la convaincre.

Le lendemain, à l'heure fixée, Frank Perceval acourut au rendez-vous. Diana était seule dans le salon de sa mère. Elle dut apprendre à son cousin la triste nouvelle du refus de Mary.

Mais Frank n'eut point le temps d'en manifester son chagrin. A peine Diana finissait-elle de parler, que miss Trevor entra sans se faire annoncer.

Elle était habillée de blanc, bien que ce fût le matin et qu'on fût au cœur de l'hiver. Un de ces gracieux chapeaux de paille d'Italie que nos ladies portent en toute saison enfermait sa chevelure, dont quelques boucles s'échappaient, amollies par l'humidité.

Elle traversa le salon de son pas souple et léger d'autrefois et tendit la main à Diana puis à Frank.

Puis elle s'assit entre eux, comme elle avait coutume de faire jadis avant le voyage de Perceval.

— Toute la nuit, j'ai rêvé de vous deux, dit-elle ; — rêvé tout éveillée, car je ne dors plus depuis bien long-temps... J'ai pensé que ma chère Diana me croirait un méchant cœur, et j'ai voulu voir Frank... je dirai mon cher Frank aussi, ajouta-t-elle avec un sourire, pour l'assurer que Mary Trevor souhaite toujours son bonheur.

Elle prononça ces paroles d'une voix simple, ferme et qu'aucune émotion ne troublait.

— Venez à mon secours, Frank, reprit-elle. Mon chapeau est trop lourd pour ma pauvre tête ; il pèse sur mon front... Merci, Frank, poursuivit-elle avec une imperceptible amertume, lorsque Perceval lui eut obéi. — Vous n'avez point oublié l'art de servir les dames, durant votre voyage.

Ses longs cheveux, libres désormais de tout lien, tombèrent en boucles légères sur ses épaules, et encadrèrent de leurs reflets d'or les pâles contours de son visage amaigri. Elle était belle encore, mais sa beauté semblait déjà n'appartenir plus à la terre. On eût dit une de ces blanches vierges que la nuageuse poésie d'Ossian nous montre, perçant la tombe et donnant leur forme impalpable au souffle du vent du nord qui les emporte, faisant flotter au loin leurs tresses blondes et les diaphanes draperies de leurs voiles.

Elle regarda tour-à-tour Perceval et miss Stewart, qui, tous les deux, demeuraient muets d'étonnement.

— Vous semblez triste, chère Diana, dit-elle; — et vous, Frank, vous êtes bien changé... Moi, je ne sais si je me meurs ou si je deviens folle.

Ces mots étranges furent prononcés, comme tout le reste, de ce ton dégagé qu'on prend pour échanger les lieux communs d'une conversation insignifiante. — Mais ils tombèrent comme un plomb glacé sur le cœur de Frank, et firent trembler Diana.

Mary ne prit point garde à la douloureuse impression qu'elle produisait, et secoua sa jolie tête avec une sorte de coquetterie enfantine.

— Diana, reprit-elle tout-à-coup, ne vous souvenez-vous plus de votre rôle ?... Quand nous sommes ainsi tous les trois réunis, au bout de quelques minutes, il vous prend envie d'essayer votre piano... Vous savez, chère Diana ?... Frank et moi, nous restons seuls alors...

Miss Stewart restait immobile. Mary frappa son petit pied contre le tapis.

—Eh bien ! Diana ! s'écria-t-elle avec impatience : —tant que vous serez là, Frank ne me dira pas qu'il m'aime !...

Diana se leva, mue par une impulsion automatique et se dirigea vers son piano, qu'elle ouvrit.

Mary donna sa main à Perceval, qui la contemplait douloureusement. Les fugitives couleurs que sa récente impatience avait amenées sur sa joue disparurent. Elle courba la tête sur sa poitrine et ne parla plus.

Diana passa machinalement ses doigts sur

les touches de son piano, d'où s'élancèrent des gerbes de notes, jaillissant au hasard.

Ce bruit inattendu fit sur Mary Trevor l'effet d'une commotion électrique. Elle tressaillit avec violence, releva brusquement sa tête affaissée et retira sa main des mains de Perceval.

— Oh !... fit-elle avec un long soupir.

Puis, regardant Frank, comme si elle l'apercevait seulement alors pour la première fois, elle s'éloigna de lui et ajouta :

— Que faites-vous ici, milord ?

— Mary ! ma chère Mary ! s'écria Frank qui préférait cette rigueur soudaine à l'étrange

abandon que Mary venait de lui montrer;
— Mary! au nom de Dieu, ne refusez pas de m'entendre... ne soyez pas cruelle comme votre père... ne me repoussez pas avant d'avoir écouté ma justification... Je vous aime toujours, Mary! je n'ai jamais aimé que vous!

Miss Trevor fit un visible effort pour garder le manteau de froideur dont elle s'enveloppait.

— Milord, dit-elle, vos paroles m'étonnent. Pourquoi vous justifier? Je ne vous accuse point... C'est donner aussi par trop d'importance à un passé qui est déjà bien loin de nous, — et que nous sommes en train de renier tous les deux.

— Tous les deux, Mary!... Oh! non... non

pas moi, du moins ! Ce passé sera toujours mon plus cher souvenir... Mon Dieu ! il est donc vrai que vous ne m'aimez plus ?...

— C'est vrai, milord.

— Et vous pouvez dire cela sans émotion et sans regrets, Mary ?

— Je le puis, milord, et je le dois, — parce que je suis la fiancée de M. le marquis de Rio-Santo.

XXIV

CONFIDENCE.

Le nom du marquis de Rio-Santo, prononcé par la bouche aimée de Mary Trevor, perça le cœur de Frank comme un coup de poignard; ses traits, fatigués par la fièvre et pâlis par les suites de sa blessure, exprimèrent éloquemment la navrante douleur qui prenait son âme, et il demeura un instant sans force pour répondre.

Le cœur de Mary s'élançait vers lui en ce moment. La pauvre enfant se reprochait la souffrance de Perceval. Elle se sentait aimée, et, libre un instant de l'obsession sophistique exercée sur elle par lady Campbell, elle se sentait aimer.

Mais un des principaux traits du caractère de Frank était une fierté ombrageuse et poussant à l'excès la délicatesse de ses susceptibilités. Le premier moment de douleur passé, il se redressa dans son orgueil et mit un voile sur sa blessure.

Le cours de ses idées changea. Un instant, emporté par son amour, il avait été sur le point d'oublier le but réel de sa visite. Il était venu pour accuser, et nous l'avons vu jusqu'ici songer uniquement à se défendre. S'il eût continué un instant encore, s'il eût donné à Mary l'explication de la présence de Susannah à Dudley-House, la pauvre enfant, attendrie déjà et repentante du mal qu'elle venait de faire, se fût rendue bien vite, — et avec quelle joie !

Mais il ne plut pas à Perceval de poursuivre en ce moment l'explication annoncée.

— Madam', dit-il de cette voix grave et ferme qui force l'attention, j'ignorais que vous fussiez la fiancée de M. le marquis de Rio-

Santo, mais si je l'avais su, je n'en aurais été que plus empressé à tenter la démarche qui nous met en présence... Je ne parle plus pour moi, madam... Quoi qu'il arrive, ma bouche ne laissera plus passer ni plaintes ni prières... Je tâcherai d'oublier comme vous ces chers souvenirs d'amour qui étaient mon plus précieux trésor... Il n'y a plus entre nous de sermens, car ceux que vous m'aviez faits, je vous les rends, madam.

Mary écoutait, gardant l'attitude hautaine qu'elle avait prise au commencement de l'entretien, mais vaincue déjà au fond du cœur et retenant à grand'peine ses larmes, qui demandaient à couler.

Miss Stewart, toujours assise à son piano,

laissait à l'aventure courir ses doigts sur le clavier et jouait, sans le savoir, le naïf refrain d'un chant gaëlique.

— Mais si je n'espère plus, reprit Perceval, dont la voix s'adoucit, j'aime encore, et je n'ai rien fait, madam, qui puisse me faire perdre le droit de veiller sur vous et de détourner, autant qu'il est en moi, l'affreux malheur qu'on suspend au dessus de votre tête...

— Je ne vous comprends pas, milord, balbutia Mary.

— Je vais m'expliquer, madam... Oh! ne craignez pas de trouver en mes paroles de l'amertume ou des reproches... Le mouvement de colère excité en moi par votre accueil glacé est déjà loin de mon cœur... Vous avez souffert, Mary... souffert horriblement! et vous souffrez encore... Vous que j'avais quittée si pleine de jeunesse et de vie... Hélas! pauvre Mary, je vous pardonne...

— J'ai bien souffert, c'est vrai, milord... et je dois vous paraître bien changée, dit miss Trevor; — depuis que je ne vous aime plus, mes jours sont sans joie et mes nuits se passent dans les larmes... Pourquoi?... Je ne sais... J'aime le marquis de Rio-Santo qui m'aime... Devrais-je être malheureuse?

— Pauvre Mary! répéta Frank qui la contemplait, les mains jointes, avec une indicible pitié; — vous aimez, dites-vous?... Non... Si vous aimiez, vous ne le diriez pas... vous auriez scrupule à me briser ainsi le cœur...

— Oh! non, milord, interrompit Mary dont les yeux devinrent humides; elle est plus belle que moi... Les larmes ne l'ont point pâlie... Oh! non, je n'ai pas scrupule à vous dire que je ne vous aime plus.

— Vous l'avez donc vue, vous aussi, madam? demanda Perceval.

— Je l'ai vue, milord... Sais-je pourquoi je me suis senti mourir en la voyant?... Hélas! Frank, ma tête est faible comme mon cœur... J'ai cru peut-être que je vous aimais encore... Oui, je l'ai vue... elle montait les degrés de Dudley-House... Mon père l'a suivie... et je suis devenue la fiancée du marquis de Rio-Santo.

Elle mit sa main sur son front et ferma les yeux.

— Mais c'est donc de force et par surprise que vous êtes à lui ? s'écria Frank.

— Qui vous a dit cela, milord? demanda Mary en relevant la tête... — toute femme ne doit-elle pas être fière de l'amour du marquis de Rio-Santo?

Frank détourna les yeux sans répondre.

— Je suis une folle, reprit miss Trevor; je me suis désolée étourdiment, tandis que j'aurais dû me réjouir... Ne devais-je pas être heureuse de me voir oubliée, lorsque moi-même je n'aimais plus ?

— Madam, dit Perceval qui secoua une seconde fois la mollesse que mettait en lui le retour de sa préoccupation amoureuse, — il ne m'est point donné de comprendre ce qui se passe au fond de votre cœur... Quant à ce qui me regarde, je n'ai jamais cessé de vous aimer, et je pourrais me justifier d'un mot.

— Justifiez-vous, murmura bien bas miss Trevor.

Frank lui prit la main et la baisa.

— Ils sont bien cruels, ceux qui ont ainsi aveuglé votre cœur loyal et bon, Mary, dit-il; — oh! oui, je vous ai toujours aimée... je vous aimerai toujours!

— Mais cette femme, milord?...

— Je ne la connais pas, Mary... Cette femme a joué à mon chevet une perfide et infâme comédie... cette femme était apostée...

— Mais par qui, Frank?... Mon Dieu! pourquoi ne puis-je m'empêcher de le croire?... par qui?

— Par celui, sans doute, qui a tenté d'empoisonner ma blessure...

— Oh! Frank!... murmura la pauvre enfant avec horreur.

— Par l'homme qui, seul au monde, avait intérêt à ma mort ou à mon malheur.

— Oh! mon Dieu! mon Dieu! sanglota Mary, — ils ont tenté de vous tuer, Frank, mon noble Frank!... Et moi qui vous repoussais!...

Elle s'interrompit. Son regard devint fixe et morne.

— Et moi qui suis maintenant sa fiancée! répondit-elle. — C'en est assez, milord, je ne vous crois pas.

— Pauvre enfant! murmura Frank dont l'émotion grandissait; — qui donc a pu la réduire à ce point?...

— Ecoutez-moi, madam, reprit-il tout à coup. Je ne suis venu ici ni pour vous reprocher votre conduite, ni pour justifier la mienne... Je suis venu pour vous arrêter au bord d'un précipice... Ce que je vais faire pour vous, je le ferais pour toute autre, car, en le faisant, j'accomplis mon devoir de gentilhomme... Ecoutez-moi.

Mary le regarda craintivement, subjuguée par la solennité de ses paroles.

— Il est à Londres une noble femme qui a eu pitié de vous et de moi, madam, poursuivit Perceval. Elle m'a dit son secret, afin que je vous sauve. Voulez-vous jurer de ne point révéler ce secret, Mary?

— En quoi me regarde-t-il, milord?

— Il regarde le passé de l'homme qu'on veut vous donner pour époux.

— Milord, je ne puis rien entendre contre le marquis de Rio-Santo.

— Vous m'entendrez pourtant, Mary, s'écria Frank ; vous m'entendrez, si je vous en prie...

Il passa son bras autour de la taille de miss Trevor dont le front s'éclaira.

— Vous m'entendrez, reprit Frank avec entraînement, car vous m'aimez encore, Mary, malgré eux et malgré vous !

— C'est bien vrai ! pensa tout haut la pauvre fille ; — Frank, je vous aimais moins que cela autrefois !... Mais je suis sa fiancée...

Elle jeta ses deux bras autour du cou de Perceval avec l'abandon gracieux d'un enfant et se prit à le regarder avec un doux sourire.

— Il ne faut pas vous réjouir et il ne faut pas vous attrister, mon bien-aimé Frank, ajouta-t-elle ; — voyez... je n'ai plus de force. Dieu qui est bon m'envoie la mort dans sa miséricorde...

— Non, vous ne mourrez pas, Mary ! s'écria Frank dont une angoisse navrante vint serrer le cœur ; — le bonheur vous rendra la vie... Et j'empêcherai bien, moi, cet odieux mariage de s'accomplir... Jurez, Mary, jurez de garder le secret de lady Ophelia.

— Elle est bonne et souffre, elle aussi, dit Mary ; — je le jure.

Frank l'attira sur son sein.

— Mary, reprit-il à voix basse, vous savez que la comtesse a dû épouser le marquis de Rio-Santo ?

— Je sais qu'elle l'aime, répondit Mary.

— Vous vous souvenez peut-être d'un étranger qui vint à Londres en même temps que le marquis,—et que je n'ai pu connaître, moi, par conséquent.—On le nommait le chevalier de Weber.

— Je m'en souviens, Frank... Au bout de trois mois il partit pour l'Inde.

— Non, Mary... le chevalier alla plus loin et ne reviendra pas de son voyage... le chevalier fut assassiné.

Frank sentit la faible enfant tressaillir entre ses bras.

— Il était jeune, reprit-il, riche et brillant cavalier. A l'un des bals d'Almack de la saison dernière, il devint éperdument amoureux de la comtesse Ophélie, qui, engagée déjà dans sa liaison avec le marquis, dut repousser tout d'abord les avances de ce nouveau prétendant. — Weber ne se rebuta point. Il écrivit à la comtesse une lettre passionnée où il l'adjurait de ne point unir son sort à celui de Rio-Santo. Dans cette cette lettre, il parlait, à mots couverts, de dangers terribles, et s'offrait à révéler de vive voix, sur le compte du marquis, des faits tellement graves que la comtesse ne pourrait, sans folie, passer outre au mariage.

« Si je ne reçois point de réponse, milady, disait-il en terminant, je me rendrai demain, à onze heures du matin, à votre hôtel. »

La comtesse méprisa cette lettre et ne daigna point y faire réponse au premier moment. Le soir venu, cependant, elle se souvint de la dernière phrase et résolut de répondre, afin d'éviter la visite annoncée de M. le chevalier de Weber.

Pour répondre, il fallait l'adresse du chevalier. La comtesse chercha la lettre qu'elle avait jetée, ouverte, sur le tapis d'un guéridon. La lettre avait disparu. — M. le marquis de Rio-Santo, tout seul, avait pénétré dans son boudoir ce jour-là.

Le cœur de Mary battait par soubresauts irréguliers contre la poitrine de Frank. Il eut une vague frayeur et lâcha sa taille pour s'éloigner et la considérer mieux. Mary était bien pâle, voilà tout. Elle ne semblait point souffrir plus qu'à l'ordinaire.

Diana Stewart jouait une valse brillante, dont la discrète harmonie s'élevait comme une barrière entre son oreille et la confidence de Perceval.

Celui-ci reprit :

— La comtesse passa une nuit inquiète et agitée.

Le lendemain, à dix heures, le marquis de Rio-Santo était chez elle.

Lady Ophelia ne m'a point raconté le détail de cette entrevue, madam. Tout ce que je sais, c'est que M. de Rio-Santo avait apporté deux épées sous son carrick, et que la comtesse, vaincue par ses impérieuses prières, le laissa seul au salon, après avoir donné ordre d'y introduire M. de Weber lorsqu'il se présenterait.

Madam, nul ne peut savoir au juste ce qui

se passa entre le marquis et le chevalier, car leur entretien n'eut pas de témoins. La comtesse, qui était tombée demi-morte sur un sofa dans la chambre voisine, entendit seulement qu'ils conversaient à voix basse.

Le marquis ordonnait ; le chevalier semblait se défendre et prier.

Puis il se fit un silence, puis encore la marquise entendit le grincement de deux épées qui se croisent.

Au bout d'une demi-minute l'un des deux combattans tomba lourdement sur le tapis. La comtesse s'élança ; elle craignait pour M. de Rio-Santo.

Mais M. de Rio-Santo, lorsqu'elle ouvrit la porte, se tenait debout, immobile devant le chevalier étendu sans vie sur le carreau.

— Vous l'avez tué, milord ! s'écria-t-elle.

— Madam, répondit seulement M. de Rio-Santo, — il voulait se mettre entre nous deux!...

M'écoutez-vous, Mary?

Frank fit cette brusque question, parce que, depuis quelques secondes, toute la personne de miss Trevor avait pris un aspect étrange. Elle se tenait droite sur son siége; son sein, agité tout à l'heure, ne battait plus. Ses yeux grands ouverts n'avaient point de regard.

Ainsi, habillée de blanc, immobile et n'ayant ni sur ses mains, ni sur son visage décolorés aucun de ces tons vivans qui accusent le mouvement du sang dans les veines, elle ressemblait à une charmante statue de marbre.

Elle ne répondit point à la question de Frank.

Effrayé, celui-ci voulut saisir sa main. Il la trouva glacée. Lorsqu'il lâcha prise, la main, au lieu de retomber brusquement, retourna, par une chute lente, graduée, insensible, à sa position première.

— Mary ! Mary ! s'écria Frank, — qu'avez-vous ?... répondez-moi.

Même silence. Même immobilité.

— Oh ! Diana ! dit Perceval, venez, je vous en conjure !... Mary est morte !

Miss Stewart ne fit qu'un bon de son piano jusqu'à son amie, et demeura sans voix à l'aspect de Mary.

— Morte ! murmura-t-elle enfin ; — c'est impossible... Voyez ! son dos ne s'appuie pas même au fauteuil... Mary !... Au nom de Dieu, Frank, que lui avez-vous donc fait ?

— Je lui ai dit ce qu'est Rio-Santo, son fiancé, répondit Perceval... Oh ! Diana ! ce ne sont pas mes paroles qui l'ont brisée... le coup est plus ancien que cela... Pauvre douce martyre! comme on a torturé cruellement son cœur! Dieu nous la rendra, j'espère... Mais qui donc accuser de ce lent supplice! quel bourreau assez impitoyable?...

— Ecoutez! interrompit Diana; — j'entends du bruit... Il ne faut pas qu'on entre...

Elle s'élança pour défendre la porte, mais il était trop tard; elle n'arriva que pour se trouver face à face avec lady Campbell.

— Mary et Frank! s'écria celle-ci qui devint pâle de colère; — Quoi! miss Stewart, ajouta-t-elle en donnant à sa voix une inflexion d'amer dédain, — la maison de votre mère est-elle donc faite pour de pareils rendez-vous!

— Madame, répondit Diana en rougissant, le moment est mal choisi...

Elle désignait du geste miss Trevor, toujours immobile, raide et comme pétrifiée.

— Le moment est toujours opportun pour s'indigner contre une action vile et inexcusable, mademoiselle, reprit sèchement lady Campbell qui ne devinait point l'état de Mary.

— Ah ! madame ! madame ! s'écria miss Stewart, incapable de contenir plus longtemps la pétulance de sa rancune ; — Frank Perceval demandait tout à l'heure quel était le bourreau, — l'impitoyable bourreau ! capable d'avoir ainsi torturé jusqu'à la mort cette douce et chère enfant...

— C'est donc bien elle ! murmura Frank,

qui toisa lady Campbell d'un regard de haine.

Celle-ci prit un maintien de dignité hautaine, et passa tête levée devant Diana et Frank pour s'avancer vers Mary.

— Venez, mon enfant, dit-elle; sortons de cette maison où vous n'auriez point dû venir.

Comme Mary ne répondait point, elle voulut lui prendre la main, — mais, au contact de ses doigts de marbre, elle poussa un cri, et tomba, terrifiée, sur un fauteuil.

Frank s'approcha d'elle à pas lents.

— Je vous l'avais laissée jeune, belle, heureuse, dit-il d'une voix où il y avait de l'indignation et des larmes; — heureuse, entendez-vous!... Et maintenant, la voilà qui se meurt!... Ah! les hommes ne vous jugeront point, madame... Que Dieu vous pardonne!...

FIN DU SEPTIÈME VOLUME.

TABLE

SUITE DE LA TROISIÈME PARTIE.

XIII. — Le Caveau. 3
XIV. — L'Enseigne de Shakspeare. 35
XV. — Donnor. 65
XVI. — Sur la Grand'route. 97
XVII. — Roman. 129
XVIII. — Orgie. 159
XIX. — Sabbat. 185
XX. — Pacte entre deux haines. 215
XXI. — Petit Comité. 245
XXII. — Curiosités du Cœur. 281
XXIII. — Le Rendez-vous. 311
XXIV. — Confidence. 333

En vente chez les mêmes Éditeurs.

LE DOCTEUR ROUGE

PAR JEAN LAFITTE.

Auteur des Mémoires de Fleury.

3 vol. in-8°. — Prix : 22 fr. 50 c.

LA JEUNESSE
D'ÉRIC MENWED

Roman historique, traduit du danois d'INGEMANN,

PAR W. DUCKETT.

4 vol. in-8°. — Prix : 30 fr.

Imprimerie de BOULÉ et Cⁱᵉ, rue Coq-Héron, 3.

www.ingramcontent.com/pod-product-compliance
Lightning Source LLC
Chambersburg PA
CBHW050252170426
43202CB00011B/1656